AF190079

Menschenbilder der Reformationszeit

Beeinflussen sie uns noch?

ERICH PULS

Menschenbilder
der Reformationszeit

Beeinflussen sie uns noch?

Bibliografische Information der Deutschen Nationalbibliothek
Die Deutsche Nationalbibliothek verzeichnet diese Publikation in der
Deutschen Nationalbibliografie; detaillierte bibliografische Daten sind
im Internet über http://dnb.dnb.de abrufbar.

© 2017 Erich Puls
Satz, Umschlaggestaltung, Herstellung und Verlag:
BoD – Books on Demand
ISBN 978-3-7448-8869-1

Inhalt

Vorbemerkungen

Was hier unter Menschenbildern verstanden wird und weshalb wir uns mit ihnen auseinandersetzen

Wir machen uns seit jeher Bilder von uns selbst, voneinander und von der Welt. Unsere *Annahmen* und *Vorstellungen* beruhen auf *eigenen Beobachtungen und Erfahrungen* sowie auf äußeren *Einflüssen,* die auf uns einwirken und unser Hoffen, Denken und Handeln beeinflussen. In der folgenden Abhandlung werden *kulturelle Einflüsse des 16. Jahrhunderts* und ihre *Auswirkungen* auf die *Menschen- und Weltbilder* von damals und heute betrachtet.

Im 16. Jahrhundert begann in Deutschland das Zeitalter der Renaissance. Sie löste mit ihren geistigen und geistlichen Veränderungen das Mittelalter ab. – Die *Humanisten* feierten die *Wiedergeburt antiker Vorstellungen* vom Menschen und von den Wissenschaften. Sie schätzten die *Selbstbestimmung* und die *Vernunft* des Menschen. – In dieses Jahrhundert fiel auch die *Reformation*, in der *Martin Luther* den *christlichen Glauben auf die Bibel zurückführte* und von römischen Kirchenlehren befreite. Der Humanismus und die Reformation veränderten die überkommenen mittelalterlichen Menschen- und Weltbilder.

Die neuzeitlichen Vorstellungen vom Menschen und der Welt fanden Aufnahme in der Philosophie und Theologie, in den Künsten und Wissenschaften, in der Politik und

Pädagogik. Die neuen Annahmen werden hier in den folgenden Ausführungen an ausgewählten Persönlichkeiten jener Zeit vorgestellt. Der schon ein Jahrhundert zuvor erfundene *Buchdruck* verbreitete diese Ansichten.

Die neuzeitlichen Menschen- und Weltbilder werden auch nach ihren Werten und Tragfähigkeiten befragt, nämlich nach ihren Antworten auf die alten Menschheitsfragen, wer der Mensch ist, woher er kommt, wohin er geht und wozu er da ist. – Diese Fragen beschäftigen die Menschen nach wie vor. Eltern und Lehrkräfte betrachten sie als *Bildungsaufgaben.* Erziehungsberechtigte tragen damit *Verantwortung* für die Menschen- und Weltbilder, die sie an Kinder und Jugendliche weitergeben.

Quellen neuzeitlicher Menschen- und Weltbilder im 16. Jahrhundert

Das 16. Jahrhundert gilt in Deutschland als *Zeitenwende* vom Mittelalter zur Neuzeit. Der neue *Humanismus* förderte die Vernunft und ein selbstbestimmtes Menschenbild. Die *Reformation* befreite die Menschen von römischen Kirchenlehren zum Glauben und zum mitverantwortlichen Denken und Handeln.

Der *Humanismus* war eine neue Denkrichtung aus Italien. Er bezog sich auf vorchristliche Autoren und Philosophen, die den Menschen in den Mittelpunkt des Lebens stellten. Gelehrte aus Kleinasien, die vor den osmanischen Eroberern geflohen waren, brachten ihre antiken Kenntnisse mit nach Italien. Die Wiedergeburt dieser Kultur beeinflusste Künstler und Denker der Renaissance. Sie hielten sich an antike Vorbilder und ermutigten Menschen, ihre *Vernunft* zu gebrauchen und sich von kirchlicher Bevormundung zu befreien. Die *Wissenschaften* erlebten einen Aufschwung. Ärzte untersuchten den menschlichen Körper, Baumeister wagten kühne Bauformen, Seefahrer entdeckten neue Erdteile und Astronomen erforschten das Weltall. Der italienische Arzt, Humanist und Philosoph *Ficino* (1433–1499) beschrieb das neue Menschenbild: »Der Mensch ist an Macht schier vergleichbar der Natur, was Gott in der Welt schafft durch den Geist, das begreift der Mensch im Akt der Erkenntnis, das drückt er durch die Sprache aus und stellt es durch die Stoffe dar.«*

Die *Reformation* hatte ihre Vorkämpfer in *John Wyclif* (1320–1384) und *Jan Hus* (1370–1415). Beide forderten die römische Kirche auf, keine Höllenängste zu predigen, sondern Gottes Liebe und Vergebung. Die Kirche sollte selbst Armut und Machtverzicht üben. Rom verurteilte beide Christen zum Tode. – Auch *Martin Luther* strebte mit seinen Thesen eine *Glaubenserneuerung der Kirche* an. Als ihm deswegen die päpstliche Bannbulle angedroht wurde, bat er die deutschen Fürsten, die *Reformation* in ihren Ländern durchzuführen. – Damit begann ein *Machtkampf* um den Einfluss auf den Glauben zwischen Kaiser und Papst auf der einen und den deutschen Fürsten auf der anderen Seite, den die Fürsten schließlich gewannen. Danach beauftragte Papst Paul III. die *Jesuiten* mit der *Gegenreformation*. Sie begannen ihre Mission in Deutschland und suchten die Menschen zum katholischen Glauben zurückzugewinnen.

Der Humanismus und die Reformation bewirkten in Deutschland einen großen *gesellschaftspolitischen Wandel*. Die spätmittelalterliche Ordnung geriet ins Wanken. *Kaiser* und *Papst* verloren gegenüber den *Landesfürsten* an Macht. In den Städten gewannen *Handelskaufleute* an Einfluss gegenüber dem Adel. Das *Bankhaus der Fugger* förderte die *Geldwirtschaft*. *Christliche Werte* von auskömmlicher Nahrung, gerechten Preisen und dem

---

* Der Brockhaus, Leipzig 2005.

Zinsverbot galten nicht mehr. Die Fugger beeinflussten die Wahlen der Päpste, Kaiser und Könige. Diese *Umbrüche* verunsicherten die Bevölkerung und wirkten sich in den deutschen Ländern teils in *Frömmigkeit*, teils in *Aberglauben* und teils in einem mittelalterlichen *Hexenwahn* aus.

Anmerkungen zu den ausgewählten Persönlichkeiten

Hier wird der Versuch unternommen, die neuzeitlichen Menschen- und Weltbilder des 16. Jahrhunderts an ausgewählten Persönlichkeiten zu verdeutlichen:

Albrecht Dürer ließ sich von der *italienischen Renaissancemalerei* anregen. Sein *Eigenportrait* vermittelt die *Vielschichtigkeit des Menschenbildes*.

Erasmus von Rotterdam war der einflussreichste Philosoph des Renaissance-Humanismus in Europa. Seine Lehre von der Toleranz beeinflusst uns bis heute.

Martin Luther wollte die verweltlichte römische Kirche reformieren. Mit seiner *Bibelübersetzung* können Menschen sich über den Glauben vergewissern.

Papst Leo X. ließ Luthers biblische Glaubenslehre durch den Kaiser verurteilen. Auch nachfolgende Päpste hielten an den römischen Kirchenlehren fest.

Kaiser Karl V. betrachtete sich als Bewahrer des römischen Glaubens und des *Heiligen Römischen Reiches*. Er entfachte einen frühen *Europapatriotismus*.

Niccolò Machiavelli verfasste die *Lehre von der* Staatsraison. Sie sollte Regenten sowie den Staat nach innen und außen schützen, auch gegen eigene Bürger.

Jakob Fugger »der Reiche« führte das italienische Bankwesen in Deutschland ein. Er verlieh Gelder an Kaiser und Päpste und machte sie abhängig.

Kopernikus und *Kepler* erforschten das Weltall. Ihre Erkenntnisse führten zum *naturwissenschaftlichen Weltbild*, das vom *kirchlichen* wesentlich abweicht.

Conrad Celtis war ein humanistischer Dichter und bedeutender Geograph. Er vertrat die neuen Lehren der Selbstbestimmung und Menschenwürde.

Matin Luther gründete mit seiner Bibelübersetzung die deutsche Sprachnation. Er dichtete und vertonte die ersten evangelischen Kirchenlieder.

Hans Sachs, der Handwerksmeister und Poet, war ein Vertreter der volkstümlichen Dichtung. Er setzte sich in Nürnberg für den evangelischen Glauben ein.

Philipp Melanchthon entwickelte den deutschen *Sonderweg der christlich-humanistischen Bildung.* Er sah Glauben und Vernunft als Schöpfungsgaben.

Ignatius von Loyola gründete den Glaubensorden der *Jesuiten*, der vom Papst mit der *Gegenreformation* in Deutschland und Europa beauftragt wurde.

Johannes Gutenberg hatte schon im 15. Jahrhundert den *Buchdruck* mit beweglichen Lettern eingeführt. Bücher verbreiteten die neuen Menschenbilder.

In den folgenden Ausführungen werden die Menschen- und Weltbilder dieser Persönlichkeiten stellvertretend für andere Zeitgenossen der Renaissancezeit näher betrachtet.

Das vielschichtige Selbstbildnis Albrecht Dürers

Albrecht Dürer (1471–1528)

Dürer beeinflusste die deutsche Renaissancemalerei unter anderem mit seinen Portraits. Er wurde als drittes Kind von 18 Geschwistern des gleichnamigen Goldschmiedes und seiner Ehefrau Barbara in der Reichsstadt Nürnberg geboren. Mit etwa zwölf Jahren trat er bei seinem Vater in die Lehre ein. Da er vor allem der Malkunst zuneigte, vermittelte ihn sein Vater zum besten Maler der Stadt, Michael Wolgemut. Dürer erlernte die Malerei, den Holzschnitt und den Kupferstich. Diese Techniken verfeinerte er im Laufe seines Schaffens. Während seiner vierjährigen Wanderschaft am Oberrhein erweiterte er sein handwerkliches Können. Nach seiner ersten Italienreise rief ihn sein Vater nach Nürnberg zurück, damit er Agnes Frey aus einer angesehenen Nürnberger Familie heirate (1494). Gleichzeitig brach in der Stadt die Pest aus. Die junge Ehefrau floh zu Verwandten aufs Land, und der Ehemann unternahm seine zweite Reise nach Italien. Später folgte noch eine zweijährige Reise nach Venedig. Die italienischen Renaissancekünstler beeinflussten Dürers Malweise wesentlich.

Im Jahr 1497 machte sich Dürer in Nürnberg selbständig und beschäftigte in seiner Werkstatt drei Mitarbeiter. Er malte Portraits von reichen Persönlichkeiten der Stadt.

Einflussreiche Auftraggeber waren auch das *Bankhaus Fugger* und der *Kaiser*. Dürer fertigte viele Kupferstiche und Holzschnitte mit biblischen Themen. Er illustrierte auch den Roman über Liebschaften von *Conrad Celtis* und gewann durch ihn Einblicke in die humanistische Philosophie.

Dürer fand über die italienische Renaissancemalerei zu seinem eigenen *Stil des beseelten Menschenbildes*. Seine frühen Portraits in der deutschen Malerei bestechen bis heute durch ihre Ausdruckskraft und durch ihre hohe handwerkliche Kunstfertigkeit. – Im Jahr 1518 war Dürer als Vertreter der Stadt Nürnberg auf dem *Reichstag zu Augsburg*, wo er *Martin Luther* erlebte, der ihm nach eigenen Worten »aus großen Ängsten geholfen« habe.*

Dürers Selbstportrait steht für sein *Menschenbild*. – Der Maler stellte sich als selbstbewussten Renaissancemenschen dar. Er malte als erster deutscher Künstler das forschende Gesicht eines Humanisten. Seine Darstellung mit Hilfe des Spiegels sollte die antike philosophische Annahme der Humanisten vermitteln, dass die von Menschen wahrgenommene Wirklichkeit nur ein Schatten- oder Spiegelbild sei. Zugleich bekannte sich Dürer mit seinem Portrait zur Nachfolge Christi. Diese Deutung entsprach auch seinem späteren lutherischen Glaubensverständnis, wonach Getaufte Anteil am göttlichen Geist haben. Dürer blieb zeitlebens der katholischen Kirche treu. – Nach heutiger Deutung vermittelt

---

*   Johann Konrad Eberlein, Albrecht Dürer, Reinbek/Hamburg 2003.

Dürers Selbstportrait sowohl das *vielschichtige Bild* eines selbstbewussten *Renaissancemenschen* als auch eines gläubigen *Reformkatholiken*.

Selbstbildnis von Albrecht Dürer aus dem Jahr 1500

Einflüsse und Auswirkungen des humanistischen Philosophen Erasmus von Rotterdam (1466(?)–1536)

Der katholische Theologe gilt als der bedeutendste *humanistische Philosoph* und *Sprachwissenschaftler* der Renaissance in Europa. – Als Sohn eines niederländischen Geistlichen und seiner Haushälterin schickte ihn sein Onkel nach dem Tod seines Vaters in eine Lateinschule. Danach trat Erasmus in das Augustinerkloster Steyn bei Gouda ein und wurde 1492 zum Priester geweiht. Vom Papst erbat er die Befreiung vom Ordensgelübde und ging in bischöfliche Dienste. Er studierte an der Universität in Paris und unternahm Studienreisen nach England und Italien, wo er die Doktorwürde der Theologie erwarb. Am Hofe von Burgund unterrichtete er den Prinzen und späteren *Kaiser Karl V.*

Im Jahre 1515 verfasste Erasmus *Die Erziehung des christlichen Fürsten* – eine frühe humanistische Schrift, die er dem Prinzen widmete. In seiner nächsten Schrift über *Die Kunst, Frieden zu halten und zu schließen* hielt er die Lehre vom ‚gerechten Krieg' für falsch. Kriege dürften nur mit Zustimmung des Volkes geführt werden. Erasmus wählte die *Friedens- und Wahrheitsliebe und* die *Toleranz* als Schwerpunkte seiner Erziehungslehre.

Im Jahre 1516 veröffentlichte Erasmus die *erste kritische Ausgabe* des *griechischen Neuen Testaments* und widmete sie dem *Medicipapst Leo X*. Dieser erkannte nicht die Bedeutung wissenschaftlicher Textvergleiche für das richtige Bibelverständnis. Stattdessen zog *Luther* die griechische Übertragung für seine Bibelübersetzung heran – ganz im Sinne von Erasmus. Der wünschte nämlich, »dass die Heilige Schrift von *Laien* in der *Volkssprache* gelesen werde ... dass alle Frauen das Evangelium lesen ... dass der Bauer hinter dem Pflug davon singen, der Weber zu seinen Fäden davon summen, der Wanderer durch diese seltsamen Mären sich den Weg verkürzen möge! Hieraus müssten alle Gespräche aller Christen gewonnen werden. Denn wir sind doch ungefähr Menschen von der Art, wie unsere täglichen Gespräche uns formen.«*

Gegenüber der römischen Kirche, die nur die lateinische Bibel gelten ließ, rechtfertigte Erasmus seine Übersetzung damit, dass schon die Kirchenväter sich in den griechischen Urtexten vergewissert hätten, da es häufig zu Abschreibfehlern gekommen sei, die den Sinn der Bibelaussagen verstellt hätten.

Erasmus verglich griechische Philosophen mit Jesus: »Keine Philosophenschule war so roh, dass sie gelehrt hätte, das Geld mache den Menschen glücklich. Keine war so zuchtlos, dass sie in äußerlichen Auszeichnungen und in gemeinen Lüsten Wesen und Ziel des Guten gefunden hätte.« Auch Sokrates habe gelehrt, dass man Böses nicht mit Bösem vergelten dürfe und dass die Seele unsterblich sei. »Jene reine und echte Philosophie Chri-

---

* Quellenbuch zur Kirchengeschichte, Hrsg. H. Schuster, Berlin 1964.

sti aber wird am glücklichsten aus den Evangelien und apostolischen Schriften geschöpft.« *

Erasmus und Luther gerieten über die Auslegung des *menschlichen Willens* in einen unüberbrückbaren theologischen Streit. Erasmus vertrat die Meinung, dass einiges im Leben dem freien Willen, aber das meiste der Gnade Gottes zuzuschreiben sei. »Es gilt Maß zu halten; dann wird man zu dem Ergebnis kommen, dass *gute Werke,* wenn auch nicht vollkommene Werke, möglich sind, doch ohne dass der Mensch sich etwas darauf einbilden dürfe; auch ein *Verdienst* dürfe möglich sein, im ganzen aber wäre es Gott zu verdanken.« Es sei nicht gerechtfertigt, Menschen den freien Willen abzusprechen – wie Luther es tat. Der freie Wille unterscheide Gläubige, die sich um ein christliches Verhalten im Leben bemühten, von den Gottlosen. *

Erasmus leitete seine Auffassung aus der katholischen Theologie ab. Sie verstand den Glauben hauptsächlich als Zustimmung der menschlichen Vernunft, die sich Gott unterwirft und die göttliche Glaubenswahrheit annimmt. Luther hob dagegen den Glauben als Gottes Geschenk an Menschen hervor, den sie aus eigener Kraft nicht erwerben könnten, wie das Neue Testament an vielen Stellen verkünde. – Bei weiteren Auseinandersetzungen suchte Erasmus eher nach Gemeinsamkeiten im Glauben als nach Unterschieden. Deshalb riet er, unüberwindbare Gegensätze zu dulden.

---

* Quellenbuch zur Kirchengeschichte, Hrsg. H. Schuster, Berlin, 5. Auflage 1964.

Auswirkungen der Philosophie
auf damalige Menschenbilder

Erasmus' Philosophie beeinflusste viele Gelehrte in
Europa. Seine Übersetzung des Neuen Testaments aus
dem Griechischen und seine geforderte Benutzung der
Muttersprache in Gottesdiensten stimmten mit Luthers
Absichten überein. Obwohl Erasmus auch Reformen in
der Kirche anstrebte, lehnte er Luthers Forderung nach
einer Glaubenserneuerung ab, weil sie die Kirche spalten
würde.

In der humanistischen Philosophie versuchte Erasmus,
den sittlichen Gehalt der Bibel mit der menschlichen
Vernunft zu verbinden. »Insbesondere der Krieg schien
ihm, weil die gröbste und gewalttätigste Form der Aus-
tragung inneren Gegensatzes, unvereinbar mit einer
moralisch denkenden Menschheit. Die seltene Kunst,
Konflikte abzuschwächen durch gütiges Begreifen,
Dumpfes zu klären, Verworrenes zu schlichten, Zerris-
senes neu zu verweben und dem Abgesonderten höheren
gemeinsamen Bezug zu geben, war die eigentliche Kraft
seines geduldigen Genies, und mit Dankbarkeit nann-
ten die Zeitgenossen diesen vielfach wirkenden Willen
zur Verständigung schlechthin »das Erasmische«. Philosophie war ihm eine andere und ebenso reine Form
des Gottsuchens wie die Theologie … Erasmus und die
Seinen hielten einen Fortschritt der Menschheit durch
Aufklärung für möglich und erhofften eine Erziehungs-
fähigkeit des Einzelnen wie der Gesamtheit durch eine

allgemeine Verbreitung von Bildung, Schrift, Studium und Buch. Diese frühen Idealisten hatten ein rührendes und fast religiöses Vertrauen in die Veredlungsfähigkeit der menschlichen Natur ...«[*]

Erasmus maß der *Sprache* eine große Bedeutung für das Hoffen, Denken und Handeln der Menschen zu. Besonders die alten Sprachen sowie die antike Dichtung und Philosophie bilde junge Menschen in Gymnasien und Universitäten zu freien, harmonischen, selbstbewussten und sprachgewandten Menschen. Diese Bildungserwartungen zur Besserung der Menschheit wurden in den folgenden Jahrhunderten erneut aufgenommen. Sie entsprachen den Wünschen einer vernunftgeleiteten humanistischen Philosophie, die auf ein selbstbewusstes Menschenbild abzielten, aber mit dem christlichen Glauben vom sündigen und unvollkommenen Menschen nicht vereinbar waren.

Die *humanistische Bildung* strebte die Erziehungsziele der *Toleranz* und der Friedfertigkeit an, die auf den christlichen Vorstellungen der *Duldsamkeit* und *Menschenw*ürde beruhten. Nach Erasmus' Erziehungslehre sollten Toleranz und Friedfertigkeit zwischen Menschen, Gruppen und Staaten zur Verständigung und zum Völkerfrieden beitragen. Die Ziele entsprachen nur zum Teil den Anforderungen der Regenten an die Schulen. Diese sollten vor allem das Lesen, Schreiben, Rechnen und den Glauben des Landesherrn vermitteln.

---

[*] S. Zweig, Triumph und Tragik des Erasmus von Rotterdam, Hamburg, 1982.

Erasmus forderte in seiner *humanistischen Philosophie* *Glück* und *Wohlstand* für alle Menschen. Dafür erschien ihm die *Bildung* jedes Menschen von großer Bedeutung. Sie wurde von den Humanisten erstmals als der *Schlüssel zum Erfolg* betrachtet. – Die Humanisten und auch Luther konnten sich bei den Regenten mit ihren Bildungsforderungen aber nicht durchsetzen.

Luther ordnete Erasmus' humanistische Vorstellungen vom Menschen und seinem Wohlergehen als eine *weltliche Philosophie der Vernunft* ein. Die humanistische Philosophie sei keine Suche nach Gott, wie Erasmus meinte, sondern menschliche Sinnsuche. Luther betrachtete auch den von Erasmus vertretenen menschlichen *Willen zum Glauben* als falsche Bibelauslegung. Der Mensch habe im Glauben keinen freien Willen, sondern bestenfalls in weltlichen Angelegenheiten. Die Bibel halte den christlichen Glauben und die menschliche Philosophie für unvereinbare Gegensätze. Erasmus weiche mit seiner Gleichsetzung von den Bibelaussagen ab. Christen hätten auf Gottes Wirken in ihrem Leben und in der Welt zu schauen und ihr Hoffen, Denken und Handeln auf die Nachfolge Jesu Christi zu richten. Der Glaube befreie den Menschen zum Lobe Gottes und zur Hilfe am Nächsten.

Erasmus' Menschenbild war stärker von humanistischen Idealen der Friedfertigkeit und Toleranz sowie vom Streben nach Glück, Wohlstand und Fortschritt durch die humanistische Bildung durchdrungen als vom christlichen Glauben. Seine Bilder vom duldsamen, friedfertigen und selbstbestimmten Menschen entsprachen teils christlichen Vorstellungen und teils dem Renaissancehumanismus. Erasmus richtete seine Philosophie in lateinischer Sprache an die Gelehrten seiner Zeit und nicht an das Volk. Seine humanistischen Vorstellungen wurden erst im 18. Jahrhundert von der *Aufklärung* wieder aufgegriffen und wirkten sich ab dann auch zunehmend *gesellschaftspolitisch* aus.

Einflüsse und Auswirkungen des Reformators Martin Luther (1483–1546)

Luther prägte durch seine Besinnung auf die *Bibelbotschaften* das *christliche Menschenbild* der Neuzeit. – Er stammte aus einer Bergmannsfamilie in Eisleben. Nach dem Willen seines Vaters begann er das juristische Studium in Erfurt. Als er einem Blitzschlag knapp entging, trat er 1505 in das Augustinerkloster ein und suchte verzweifelt nach der *Versöhnung mit Gott*. – Mit Gebeten, Enthaltsamkeit und Beichten konnte er sich nicht von seinen Gewissensnöten und der empfundenen Sündhaftigkeit befreien. Erst die Paulusworte führten ihn zum christlichen Glauben: *»So halten wir es nun, dass der Mensch gerecht werde ohne des Gesetzes Werk, allein durch den Glauben«* (Römer 3, 28).[*]

Der Glaube an Gottes Gnade führte Luther aus dem Kloster zurück ins Leben; denn Gläubige seien von Jesus zur *Nachfolge* im Alltag berufen. Sie würden zwar schuldig, aber Gott rechtfertige ihr Handeln durch seine *teuer erkaufte Gnade*, den Kreuzestod seines Sohnes. Er rette Sünder für das *ewige Leben*.

Das *Alte Testament* verkündet ihn als *Schöpfer* der Welt und aller Lebewesen. Gott schuf den *Menschen nach seinem Bilde* und beauftragte ihn, seine Schöpfung zu

---

[*] Luther-Bibel, Wittenberg 1534 (der Gegenwartssprache angepasst).

erhalten. Er ist berufen und würdig, an Gottes Güte und Liebe teilzuhaben. Doch die ersten Menschen handelten im Garten Eden gegen sein Verbot, vom Baum der Erkenntnis von Gut und Böse zu essen. Seither ist die Sünde in der Welt. Dennoch wandte Gott sich den Menschen wieder zu und führte sie aus ägyptischer Gefangenschaft ins gelobte Land. Auf dieser Flucht empfing Mose die *Zehn Gebote*, die den Menschen sagen, was gut für sie sei. Aber Menschen können die Gebote nicht einhalten. Deshalb mahnten die Propheten zur Buße und kündigten den Gottessohn an, der sie erretten werde.

Das *Neue Testament* berichtet vom Gottes- und Menschensohn Jesus Christus. *Auch er hat die Menschen zur Buße, zum Glauben und zu seiner Nachfolge aufgerufen, damit sie Gottes Vergebung, die Auferstehung und das ewige Leben erben.* – Luther mahnte die Leser in der *Vorrede seiner Bibelübersetzung*: »Darum siehe darauf, das du nicht aus Christus einen Mose machst, noch aus dem Evangelium ein Gesetz oder Lehrbuch, wie es bisher geschehen ist. Denn das Evangelium fordert nicht unser Werk, damit wir fromm und selig würden ... es fordert den Glauben an Christus, weil er für uns Sünde, Tod und Hölle überwunden hat, und das nicht durch unsere Werke, sondern durch sein Werk des Leidens, Sterbens und Auferstehens. ... Ich bitte, dass man sehe, dass das Evangelium kein Gesetzbuch ist, sondern eine Predigt von den Wohltaten Christi, die er uns erwiesen und zueigen gemacht hat, wenn wir glauben ... Ja, wo der Glaube ist, will der Mensch sich auch beweisen durch gute Werke, bekennt und lehrt das Evangelium vor den Leuten und wagt sein Leben daran, um selbst zu solcher Gnade zu kommen und Christi Beispiel zu folgen …«[*]

Nach Luthers *Bibelverständnis* kann der Mensch nur durch *Gottes Vergebung gerechtfertigt* und gerettet werden. Nach damaliger römischer Lehre zog jede Sünde eine zeitliche Strafe nach sich, die selbst durch Reue des Herzens, Wortbeichte und gute Werke nicht abgegolten war. Die Restschuld konnte aus dem »Kirchenschatz der Heiligen und durch Ablass« erkauft werden.

Am 31. Oktober 1517 veröffentlichte Luther *95 Thesen* »Zur Aufklärung über die Kraft des Ablasses«. Damit beabsichtigte er Auseinandersetzungen mit seinen Kollegen der Universität Wittenberg über den *Gnadenhandel.* Dieser widersprach nach seiner Ansicht den Bibelaussagen und führte die Menschen zu dem falschen Glauben, sie könnten sich durch eigene »gute Werke« von Sünden freikaufen und bräuchten nicht auf Gottes Vergebung zu vertrauen. Luther war überzeugt, dass der Papst durch Ablasszahlungen keine Höllenqualen verkürzen könne. Der Gläubige müsse in aufrichtiger Buße und Reue auf Gottes Gnade hoffen. – »Unser Herr und Meister Jesus Christus hat, wenn er spricht: ‚Tut Buße‘, gewollt, dass das ganze Leben der Gläubigen eine Buße sei. Dieses Wort kann nicht von der Buße als Sakrament, die durch das Amt des Priesters ausgeübt wird, verstanden werden«, heißt es in den ersten beiden Thesen.[**]

---

[*]   Luther-Bibel, Wittenberg 1534 (der Gegenwartssprache angepasst

[**] Quellenbuch zur Kirchengeschichte, Band I/II, Hamburg 1964.

Die *Ablassgelder* dienten zur Hälfte dem Neubau des Petersdoms in Rom. Mit der anderen Hälfte wurden die Schulden beglichen, die Kurfürst Albrecht vom Bankhaus Fugger aufgenommen hatte, um die Strafe an den Papst für seine rechtswidrige Ämterhäufung von zwei Erzbischofsstühlen zu bezahlen. Luther wandte sich mit seinen Thesen an diesen Kurfürsten, der sie nicht beantwortete, sondern stattdessen einen Ketzerprozess in Rom gegen ihn vorbereiten ließ.

Auf dem *Reichstag in Augsburg* (1518) wurde Luther vom päpstlichen Gesandten Cajetan im Bankhaus Fugger verhört. Er widerrief seine Schriften aber nicht. Ein Jahr später folgte in Leipzig eine öffentliche Auseinandersetzung mit dem Verteidiger des Ablasshandels, Johannes Eck. – Im Jahr 1520 drohte der Papst dem Ketzer den *Kirchenbann* an, falls er seine Schriften nicht widerrufe. Luther verbrannte die Bannandrohung öffentlich. An diesem Streit nahmen die Deutschen durch verbreitete Flugblätter regen Anteil.

In seiner Schrift *An den christlichen Adel deutscher Nationen* (1520) wandte sich Luther an die Fürsten, die beabsichtigten Kirchenreformen in ihren Ländern durchzuführen. In der nächsten Schrift, *Von der babylonischen Gefangenschaft der Kirche,* wies Luther nach, dass von den sieben kirchlichen Sakramenten nur die *Taufe* und das *Abendmahl* in der Bibel belegt seien. – In der folgenden Schrift, *Von der Freiheit eines Christenmenschen,* behauptete er: »Ein Christenmensch ist ein freier Herr aller Dinge und niemandem untertan. Ein

Christenmensch ist ein dienstbarer Knecht aller Dinge und jedermann untertan.« Diesen Widerspruch sah er durch das Pauluswort aufgelöst: »Ein Christenmensch lebt nicht in sich selbst, sondern in Christus und seinem Nächsten: In Christus lebt er durch den Glauben, im Nächsten durch die Liebe.«[*]

Das *Reichsrecht* sah vor, päpstliche Ketzerurteile ohne Anhörung auszuführen. Luthers Landesherr setzte sich in diesem Fall von grundsätzlicher Bedeutung für eine Anhörung Luthers vor dem *Reichstag zu Worms* (1521) ein. Da auch die Stände, Universitäten und einige Klöster diese Forderung erhoben, genehmigte der Kaiser die Anhörung sowie freies Geleit für Luthers Hin- und Rückreise. – Die Fahrt von Wittenberg nach Worms dauerte 14 Tage. Sie wurde unterbrochen durch Predigten, die Luther auf Stadtmärkten hielt. Der päpstliche Nuntius meldete nach Rom, dass »ganz Deutschland in hellem Aufruhr« sei und »neun Zehnteile das Feldgeschrei« erhöben. – Auf dieser Reise bot der Reichsritter Franz von Sickingen an, Luther auf seiner Burg zu schützen. Doch Luther vermutete, dass der Kaiser ihn nur vom Reichstag fernhalten wollte, und lehnte ab.[**]

Vor dem Reichstag in Worms kam es nicht zu der erwarteten Anhörung, stattdessen wurde Luther nur erlaubt, seine Schriften zu widerrufen. Er antwortete: »Wenn ich durch Schriftzeugnisse oder einen klaren Grund widerlegt werde – allein dem Papst oder den Konzilen

[*]   Quellenbuch zur Kirchengeschichte, Band I/II, Hamburg 1964.
[**] Thomas Kaufmann, Erlöste und Verdammte, München 2016.

glaube ich nicht; denn es steht fest, dass sie häufig geirrt und sich auch selbst widersprochen haben –, so bin ich durch die von mir angeführten Schriftworte überwunden.« – Kaiser Karl V. bestätigte Roms *Ketzerurteil* und verhängte die *Reichsacht* über Luther, wonach ihn jeder festnehmen und dem Kaiser ausliefern konnte.

Luther wurde von seinem Landesfürsten auf die *Wartburg* entführt. Dort übersetzte er das *Neue Testament* aus dem Lateinischen und Griechischen ins Deutsche. Dafür benutzte er auch die Bibelübersetzung des Erasmus von Rotterdam. Beide wünschten, dass jeder Mensch die Bibel in seiner *Muttersprache* lesen und sich über die frohe Botschaft des Evangeliums vergewissern könne. Diese sogenannte *Septemberbibel* (1521) erschien ohne Verfasserangabe pünktlich zur Leipziger Buchmesse. Luther erklärte in seiner *Vorrede zum Neuen Testament*, dass die Priester bisher die Gläubigen über Sinn und Zusammenhänge der beiden Bibelteile verwirrt hätten. Deshalb sei es notwendig, das richtige Bibelverständnis zu vermitteln: Im Neuen Testament seien nicht Gebote und Gesetze niedergeschrieben, sondern *Gottes Verheißungen*.

Während Luthers Wartburgaufenthalt stritt seine Gemeinde in Wittenberg über die *evangelische Gottesdienstordnung*. Die Gemeinde wünschte die deutsche Sprache im Gottesdienst und lehnte die lateinische ab. Der Stadtrat suchte vergeblich, die Unruhen durch eine neue Stadt- und Gemeindeordnung zu befrieden. Luther verließ die Wartburg und ermahnte seine Gemeinde zu mehr »Geduld und Liebe«. Er entschied, dass beide Sprachen gewählt werden konnten und schlichtete den Sprachenstreit: »Predigen will ich's, sagen will ich's, schreiben will ich's, aber zwingen und dringen mit Gewalt will ich niemand; denn der Glaube will willig und ungenötigt und ohne Zwang angenommen sein.«[*]

Unterdrückte Bauern vom Schwarzwald bis Mitteldeutschland und *Bergarbeiter* in Thüringen, in der Steiermark und Tirol nahmen an, die Protestanten würden ihnen aus ihrer *sozialen Notlage* helfen. Der evangelische Theologe *Thomas Müntzer* unterstützte 1524 die Forderungen der Bauern insofern, als er die geistliche Befreiung durch die Reformation auch auf die soziale Lage der Bauern angewendet wissen wollte. Dem stimmte Luther zu, lehnte aber jeden Aufstand ab. In öffentlichen Streitschriften vertraten beide Theologen ihre Standpunkte. Luther betonte, nach der Bibel sei Kriegführung das Amt des Kaisers, »denn die Kirche soll nicht streiten noch mit dem Schwerte fechten.«[*]

Die Bauern aus verschiedenen Regionen veröffentlichten 1525 eine gemeinsame Erklärung, die *Zwölf Artikel gemeiner Bauernschaft*. Darin versprachen sie, »*daz evangelion zu hören und dem gemeß zu leben*«. Sie forderten im Sinne Luthers die freie Wahl der Pfarrer und deren auskömmliche Entlohnung. Für sich selbst verlangten sie die Abschaffung der Leibeigenschaft, freie Nutzung der Wälder, Flüsse und Seen und die Übertragung des

---

[*] Quellenbuch zur Kirchengeschichte, Bd. I/II, Berlin 1964.

Kornzehnten auf die Gemeinden. Schwäbische Bauern riefen Luther im Ringen um soziale Gerechtigkeit an. Er antwortete mit seiner *Ermahnung zum Frieden*. Darin beschuldigte er die Kirchenfürsten, die Bauern in eine verzweifelte Lage geführt zu haben, weil sie weder Fürsorge noch Glaubensfreiheit gewährten. Den Bauern hielt er vor, die Schriften über die *Freiheit eines Christenmenschen* falsch verstanden zu haben. Wer sich auf Jesus berufe, müsse seinem *Gehorsamsgebot* folgen. Er verurteilte die Krieg führenden Bauern in seiner Schrift: *Wider die räuberischen und mörderischen Rotten der Bauern;* und den Fürsten riet er, die Aufstände niederzuschlagen. – Fünftausend Kriegstote belasteten Luthers Gewissen zeitlebens und trugen ihm den Beinamen »Fürstenknecht« ein.[*]

Im *Abendmahlstreit* zwischen Luther und dem Theologen *Karlstadt*, einem frühen Mitstreiter für die Reformation, entstanden Widersprüche in der Auslegung von Jesu Worten beim letzten Abendmahl. Karlstadt deutete die Einsetzungsworte: »Das ist mein Leib, der für euch gegeben wird« als bloßen Hinweis auf Jesu Körper und nicht auf das Brot. »Für Luther war das Abendmahl außerordentlich wichtig; in Brot und Wein vergegenwärtigt sich Christus selbst, der mit Gott vereinte Mensch, in einer untrennbar für den Glaubenden heilsamen Weise – durch den Zuspruch seiner selbst.«[**]

---

[*]   Quellenbuch zur Kirchengeschichte, Bd. I/II, Berlin 1964.
[**]   Thomas Kaufmann, Erlöste und Verdammte. Eine Geschichte der Reformation, München 2016.

Der Abendmahlstreit wurde öffentlich ausgetragen, säte Zweifel in evangelischen Gemeinden und wurde auf katholischer Seite als das Ergebnis lutherischer Ketzerei gedeutet. In Nord- und Mitteldeutschland wurde Luthers Auslegung angenommen, dagegen lehnten der Schweizer Prediger *Zwingli* und seine *reformierte Gemeinde* in Zürich diese ab. Der Streit über die Auslegung der Einsetzungsworte schwächte die evangelische Seite nachhaltig, weil sie keine letztliche Entscheidungsinstanz wie die katholische Kirche im Papst hatte.

Die *Kindertaufe* war in den reformierten Kirchen umstritten. Müntzer hatte sie schon 1524 für fragwürdig gehalten. Er wurde nun von Zwinglis Anhängern als der »reinste Verkünder von Gottes Wort« geachtet. Auch in der Taufe ging es um die Bibelauslegung, die der Stadtrat von Zürich mit der Ausweisung der *Wiedertäufer* beantwortete. – Auf dem Reichstag zu Speyer (1529) wurde beschlossen, die »Wiedertaufe« mit dem Tod zu bestrafen.

Fortan bildeten sich kleine »Täufergemeinden«, wie 1534 in der Stadt Münster. Sie beriefen sich auf unmittelbare Gottesbeziehungen und das Urchristentum. Sie vollzogen Erwachsenentaufen, lehnten Eide, Kriegsdienste, Gerichte, Eigentum, die weltliche Staatsmacht und den evangelischen Glauben ab. Wegen eines großen Frauenüberschusses in Münster führten sie die Vielehe ein und errichteten das »Täuferreich Münster«. Dieses bestand 16 Monate. Während dieser Zeit übten die Täufer eine Schreckensherrschaft selbst gegen ihre eigenen Mitglieder aus. Melanchthon befürwortete in seiner Stellungnahme die *Verfolgung* der religiösen Sekte und Luther stimmte dem mit der Einschränkung zu, »gnädig zu verfahren«. – Der katholische Bischof von Münster und Osnabrück eroberte die Stadt mit 3.000 Landsknechten und ließ die Anführer hinrichten.[*]

Als sich in Deutschland zunehmend *evangelische Gemeinden* bildeten, entschieden Landesfürsten zunächst über ihre eigene *Konfessionszugehörigkeit* und damit auch über die ihrer Untertanen. Sie führten neue *Kirchenordnungen* ein. Als sie in ihren Ländern die Klöster auflösten, mussten auch das *Schul- und Krankenwesen* sowie die *finanzielle Ausstattung der Gemeinden* neu geregelt werden. Juristen und Theologen überprüften die örtlichen Verhältnisse. Die Anforderungen an Pastoren und unterrichtende Küster in den Schulen wurden erheblich angehoben. – Diese Neuordnungen nahmen die Regelungen des *Augsburger Religionsfriedens* vorweg.

Luther verfasste 1528/29 den *Kleinen* und *Großen Katechismus* wegen weithin fehlender Bibelkenntnisse und unterschiedlicher Auslegungen. Diese Schriften belehrten über den biblischen Glauben, die Zehn *Gebote*, das *Glaubensbekenntnis*, das *Vaterunser,* die Bedeutung der *Taufe* und des *Abendmahls*. Die kleine Ausgabe informierte Schulkinder und die große Pastoren und Lehrer.

---

[*] Der Brockhaus, Leipzig 2005.

Luthers Freund *Melanchthon* trug auf dem *Reichstag zu Augsburg* (1530) das *Bekenntnis der evangelischen Kirche* vor, weil Luther noch unter der Wormser Reichsacht stand. Dieses Bekenntnis sollte beweisen, dass die Protestanten auf dem Boden der katholischen Kirche und des biblischen Glaubens standen. Es enthielt auch die reformatorische Glaubenslehre. Der Kaiser betrachtete das Bekenntnis weiterhin als *Ketzerei* sowie die evangelischen Fürsten und die Reichsstädte als *Landfriedensbrecher*. Wegen der darin enthaltenen kaiserlichen Kriegsandrohung schlossen sich die betroffenen Landesfürsten und Städte im Verteidigungsbündnis des *Schmalkaldischen Bundes* (1531) zusammen.[*]

Kaiser Karl V. besiegte 1547 den Schmalkaldischen Bund bei Mühlberg an der Elbe. Er strebte weiter die religiöse Einheit und alleinige Herrschaft im *Heiligen Römischen Reich deutscher Nationen* an. Gegen diesen Machtanspruch wandten sich die deutschen Kurfürsten, die den Kaiser gewählt hatten und Mitspracherechte besaßen. Auch der Papst, der französische König und die Stände fürchteten den kaiserlichen Machtzuwachs. – Luther war schon 1546 verstorben und hat diesen Streit um Macht und Glauben nicht mehr erlebt.

Der Streit schwelte bis zum *Augsburger Religionsfrieden* von 1555 fort; er wurde von beiden etwa gleich starken Lagern unter der Leitung des tschechischen Königs *Ferdinand* beendet. Dieser war der Bruder und Nachfolger

---

[*] Quellenbuch zur Kirchengeschichte, Bd. I/II, Berlin 1964.

Kaiser Karls, der die Verhandlungen über den Religionsfrieden nicht mehr führen wollte und im selben Jahr enttäuscht abdankte. – In diesem Friedensvertrag wurde die Religionseinheit des Reiches aufgegeben und der evangelische Glaube neben dem katholischen als gleichberechtigt anerkannt. Landesfürsten, Reichsstädte und Reichsritter erhielten das Recht der freien Glaubenswahl. Die Regenten übertrugen ihre Konfession auf die Untertanen. Bürger, die an ihrem Glauben festhalten wollten, durften ihren Besitz verkaufen und auswandern. Die schon bestehenden evangelischen Gemeinden blieben davon unberührt.

Auswirkungen der Reformation auf damalige Menschenbilder

Religiöse Auswirkungen

Luther legte den Grund des evangelischen Glaubensverständnisses mit entsprechenden Auswirkungen auf die theologische Ausbildung, auf den Gottesdienst, auf die Kirchengemeinden und Schulen in den evangelischen Ländern. Als Professor der Theologie an der neuen Universität zu Wittenberg gab Luther sein Bibelverständnis an die Studenten weiter, die es in den Landeskirchen verbreiteten. Danach ist Gott gerecht, weil er Gläubige gerecht mache. Der Mensch könne sich nicht durch eigene »gute Werke« erlösen, sondern nur im Glauben an Gottes Gnade und Vergebung. Jesus sei das Vorbild, nach seinen Worten und Werken sollen Christen ihr Leben führen, ihn dürfen sie im Gebet anrufen, ohne auf die Fürsprache der Heiligen und auf die Vermittlung der Priester angewiesen zu sein. Aus der *Taufe* leitete Luther die religiöse *Gleichheit* aller Menschen vor Gott sowie das *Priestertum d*er *Gl*äubigen ab. Sie nehmen seit der Reformation an den *Sakramenten* der Taufe und des Abendmahls teil.

Der Gottesdienst wurde zum Verständnis aller in der Muttersprache gehalten. Das betraf die Liturgie, neu eingeführte Kirchenlieder, die Bibeltexte und die Predigt, die für die Auslegung der Bibeltexte wichtig wurde. Sie verdeutlichte das christliche Menschenbild, das Gott und der Welt verbunden ist. Christen seien durch Gottes Gnade zum christlichen Handeln in der Welt zum Lobe Gottes und zur Hilfe des Nächsten befreit. Die Obrigkeit sei anzuerkennen, weil sie für die Erhaltung des Friedens und der weltlichen Ordnung zuständig sei. In Gewissensfragen sei Gott mehr zu gehorchen als den weltlichen Mächten.

Luther erklärte in seiner Schrift *Von der Freiheit eines Christenmenschen* das *Spannungsverhältnis* zwischen dem göttlichen und weltlichen Reich. Da dieser Gegensatz nicht auflösbar sei, empfahl er, »dass du zugleich Gottes Reich und der Welt genug tust, äußerlich und innerlich, zugleich Übel und Unrecht leidest und doch Übel und Unrecht strafest, zugleich dem Übel nicht widerstehst und doch widerstehst. Denn mit dem einen siehst du auf dich und das Deine, mit dem anderen auf den Nächsten und das Seine. In Bezug auf dich und das Deine hältst du dich an das Evangelium und leidest als ein rechter Christ für dich; in Bezug auf den anderen und das Seine hältst du dich an die Liebe und duldest kein Unrecht gegen deinen Nächsten.« – In dieser Lehre beschrieb Luther zugleich sein christliches Menschenbild, danach sollten sich Gläubige durch keine Macht der Welt einengen lassen; im Zweifelsfalle habe ein Christ sich mit Worten des Glaubens zu wehren und beim Unterliegen Gott zu danken, dass er wegen der Verteidigung seines Wortes leiden dürfe.[*]

Luthers Auslegung der *Lehre von den zwei Reichen* machte Christen für das weltliche Geschehen mitverantwortlich. Er gab ihnen den seelsorgerlichen Rat, sich in Gewissensnöten für den Gottesgehorsam und gegen die Ansprüche weltlicher Mächte zu entscheiden. Damit forderte Luther persönliche politische Entscheidungen im Sinne des christlichen Glaubens. Dadurch wurde sowohl das *christliche Gewissen* als auch das *politische Bewusstsein* geschärft und wirkte auf das politische Menschenbild ein, wie sich im geforderten Recht auf Mitsprache bei den aufständischen Bauern und Bergarbeitern zeigte. Ihnen verbot er aber, für ihre Anliegen mit dem Schwert zu kämpfen.

Politische Auswirkungen

Der *Augsburger Religionsfriede* folgte nach *Kaufmann* nicht der christlichen Glaubenstoleranz, sondern der Einsicht, dass keine der beiden Konfessionen der anderen ihren Willen aufzwingen konnte. Nach den Friedensvereinbarungen durften weder Kaiser noch Fürsten gewaltsam gegen die beiden Konfessionen vorgehen. Strei-

---

[*] Thomas Kaufmann, Erlöste und Verdammte, München 2016

tigkeiten sollten auf friedliche Art gelöst werden. – Der Religionsfriede besiegelte die konfessionelle Spaltung in Deutschland. Die Landesfürsten verwirklichten die Reformation und verwandelten die ursprünglich vom Volk getragene Bewegung in ihren Machtanspruch, wobei sie sich auf Luthers Lehre »vom leidenden Gehorsam gegen die Obrigkeit« beriefen. Landesfürsten und Magistrate der freien Reichsstädte gewannen mit ihren konfessionellen Entscheidungen *religiösen Einfluss* auf die Bürger. Nach der damals geltenden Mitgliedspflicht in einer Kirche mussten die Menschen den Glauben ihrer Regenten annehmen. Die von Luther angestrebte *Glaubensfreiheit* sowie die *christlichen Werte* der *Gleichheit* und *Menschenw*ürde wurden unter fürstlicher Kirchenleitung nicht umgesetzt. Die politische Ablehnung dieser Wertvorstellungen wirkte sich nachteilig auf das Selbstbewusstsein der Deutschen und der evangelischen Kirche aus und führte zu Abhängigkeiten. Viele Bürger wanderten aus Glaubensgründen zuerst nach England und dann nach Amerika aus.[*]

Die protestantische Glaubenslehre vermittelte ein Menschenbild, nach dem die bestehende politische Ständeordnung für gottgegeben gehalten wurde: »Für die Lutheraner entsprach die überkommene ständische Ordnung (weltliche Herrschaft, Pfarrstand, Ökonomie) der biblischen Schöpfungsordnung. Meist stabilisierten die protestantischen Konfessionskulturen die jeweils geltende politische Ordnung.« Die Fürsten übernahmen in protestantischen Ländern die Kirchenleitung. Sie lie-

---

[*] Thomas Kaufmann, Erlöste und Verdammte, München 2016

ßen neue *Kirchen-* und *Schulordnungen* verfassen und beriefen Geistliche zur Glaubensverkündigung und zur Schulaufsicht.[*]

Luthers *Abwehrhaltung gegen*über *Juden und Muslimen* entsprach nicht der christlichen Lehre, sondern vielmehr überlieferten mittelalterlichen Vorurteilen. – Die *Juden* wurden seit jeher beschuldigt, den Gottessohn gekreuzigt zu haben. Luther hatte sich zwar anfangs in seiner Schrift, *Dass Jesus ein geborener Jude sei,* für die Juden eingesetzt, in der Hoffnung, dass sie sich bekehren würden. Als sie sich nicht zum christlichen Glauben bekannten, schlug er den Fürsten vor, sie in Lagern zur Arbeit anzutreiben und sie zum Christentum zu zwingen. Dieses Schreiben war nur an den Landesfürsten gerichtet und hatte keine Auswirkungen. – Vierhundert Jahre später verkehrte die Naziführung Luthers Vorschlag von Umerziehungslagern in Tod bringende *Konzentrationslager.*[**]

Luthers *Abneigung gegen die Muslime* wird auf die *osmanische Eroberung des Balkans* und auf die *Belagerung der Kaiserstadt Wien* zurückgeführt. Europa wurde im 16. Jahrhundert militärisch und religiös von den Türken bedroht. Sie verbreiteten in den eroberten Gebieten den islamischen Glauben mit dem Schwert. Christen wurden als »Ungläubige« verachtet und teils versklavt. – Aus enttäuschten Hoffnungen gegenüber Juden und wegen der türkischen Bedrohungen äußerte sich Luther öffentlich

---

[*] Thomas Kaufmann, Erlöste und Verdammte, München 2016.
[**] Dahm, M. Luther heute, Themenheft, Hrsg. Bundeszentrale für pol. Bildg. 1983.

abfällig über beide Völker. – Diese verbreitete Haltung gegenüber Juden und Muslimen beeinflusste viele Deutsche und Europäer durch die folgenden Jahrhunderte.

Gesellschaftliche Auswirkungen

Die *humanistische* und *reformatorische Befreiung der Menschen* von kirchlicher Bevormundung wirkte sich auf die Menschen- und Weltbilder in Europa aus. Das zeigte sich in der *Kultur und Kunst.* Die *christlich-humanistische Bildung* durch alte Sprachen, antike Literatur und Philosophie sowie durch vermittelte Bibelkenntnisse beeinflusste Schüler und Studenten. Die Bildung wurde zum Schlüssel für das *humanistische Streben nach Glück und Wohlstand.* Luthers Freund Melanchthon erkannte die Bedeutung der Bildung für die Reformation. Als gläubiger Humanist erschloss er Schülern und Studenten mit Hilfe der alten Sprachen die Urtexte der Bibel, das römische Recht und griechisches Wissen. Nach seiner Ansicht erweiterten alte Sprachen den geistigen Horizont junger Menschen und schärften ihr Denken.

In den Schulen versuchte Luther, mit seinem Katechismus Kindern und Jugendlichen den biblischen Glauben verständlich zu machen, weil er den Jüngsten Tag unmittelbar bevorstehen sah. Zuvor sollten die Menschen das ewige Seelenheil im rechten Glauben an Jesus Christus finden. Auch die Eltern wurden angehalten, das christliche Menschenbild an ihre Kinder weiterzugeben.

Berufe erfüllten nach Luther einen gottgewollten Sinn. *Arbeit* und *Dienste* seien nicht zur Rechtfertigung vor Gott oder zur Selbstverwirklichung auf Kosten anderer zu leisten. Vielmehr trage jede Arbeit »das Kreuz eigener Erfahrung von Unvollkommenheit und Schuldigwerden, von Last und Mühsal« in sich und lasse diese den Menschen erst erfahrbar werden. »Das Tun der Hausfrau, des Handwerkers, des Dienstboten, aber auch der Staatsdienst erhielten eine neue Sinngebung, unabhängig von Erfolg und Verdienst.« Die Arbeit, um der Liebe zu den Menschen und der Sache willen, war eine *Aufwertung der Arbeit*. Das *Bild vom arbeitsamen Deutschen* prägte lange die Vorstellungen in der Welt.[*]

Luthers *Eheschließung* mit der ehemaligen Nonne *Katharina von Bora* erregte viel Aufsehen. Durch die Heirat versorgte Luther zunächst die entlaufene und mittellose Nonne. Außerdem wollte er mit der Heirat den außerhalb stehenden geistlichen Stand wieder in die Gesellschaft eingliedern. Zwischen den beiden Eheleuten wuchs bald echte Zuneigung. Die zwiespältige Aufnahme der Eheschließung beruhte auf der seit 1139 durchgesetzten Kirchenlehre der Ehelosigkeit von Priestern, Nonnen und Mönchen. Darum wurde Katharina teils abfällig die »Lutherin« genannt. Sie übernahm die vielfältigen Aufgaben als Mutter von sechs Kindern, als Leiterin des früheren Klosterbetriebs und als Gastgeberin von Studenten. Sie kümmerte sich um Pestkranke und Sterbende und prägte das Menschenbild für viele

---

[*] Quellenbuch zur Kirchengeschichte, Berlin 1964.

folgende Pastorenfrauen. Das Paar übte eine damals gesetzlich unerlaubte *Gütergemeinschaft,* die unter anderem in Luthers rechtlich unzulässigem Vererbungswunsch an Katharina zum Ausdruck kam.

Eine neue *Frauenrolle* hinsichtlich der *Geschlechtergleichheit* brachte die Reformation nicht hervor, obwohl Frauen, wie Argula von Grumbach, Katharina Zell, Elisabeth Cruciger, Elisabeth von Rochlitz, Caritas Pirckheimer und andere sich öffentlich für den evangelischen Glauben einsetzten.[*]

Die Reformation wirkte in Deutschland wie eine gesellschaftliche Revolution. Bibel und Katechismus förderten den *Glauben* an biblische Verheißungen, über die sich die etwa zehn Prozent Lesekundigen selbst vergewissern konnten. Zugleich wurden die Menschen von römischen Kirchenlehren und Ablasszahlung befreit. Gläubige erhielten durch die verkündete *Gleichheit* aller Menschen ihre *Würde* zurück. Ihre Selbst*verantwortung* vor Gott und den Menschen stärkte ihr *Selbstwert- und Pflichtgefühl.* Die Glaubenslehre förderte die *Gewissensbildung* und die *politische Mitverantwortung* für die Gesellschaft. – Luther mahnte die Deutschen trotzdem zur Buße, das eigene Leben zu ändern und sich nicht nur auf die in der Bibel zugesagte Vergebung zu verlassen.

---

[*] Quellenbuch zur Kirchengeschichte, Hrsg. H. Schuster u. a., Berlin 1964.

Einflüsse und Auswirkungen der Politik

Niccolò Machiavelli (1469–1527)

Der italienische Diplomat, Historiker und Dichter fasste in seiner Schrift *Der Fürst* erstmals die seit Jahrtausenden geltende politische Machtausübung in seiner *Lehre von der Staatsräson* zusammen. Er empfahl dem jungen, unerfahrenen Medici-Fürsten, den Staat mit aller verfügbaren Macht zu erhalten, ohne Rücksicht auf die Menschen. Die Bürger seien den Staatsinteressen unterzuordnen. Diese Lehre beruhte auf den politischen Beobachtungen des Verfassers. Ob die von Machiavelli beschriebenen Menschenbilder seiner eigenen Auffassung entsprachen, ist umstritten. Diese Staatslehre trennte ethische und politische Vorstellungen vom Menschen und führte die sogenannte *Staatsherrschaft* ein, die in der Folgezeit von Regierenden weiterhin ausgeübt wurde:

»Ich wage zu behaupten, dass es sehr nachteilig ist, stets redlich zu *sein*. Aber fromm, treu, menschlich, gottesfürchtig, redlich zu *scheinen*, ist sehr nützlich. Man muss sein Gemüt so bilden, dass man, wenn es notwendig ist, auch das Gegenteil vertreten kann. Ein Fürst, und besonders ein neuer Fürst, kann nicht immer alles das beachten, was bei anderen Menschen für gut gilt; er muss, um seinen Platz zu behaupten, oft gegen Treue,

Menschenliebe, Menschlichkeit und Religion handeln. Er muss also einen Geist besitzen, der geschickt ist, sich so, wie es die Winde und abwechselnden Glücksfälle fordern, zu wandeln, und zwar nicht den geraden Weg verlassen, so lange man die Macht hat, wohl aber den krummen betreten, wenn es sein muss. Ein Fürst muss sich daher wohl hüten, dass nie ein Wort aus seinem Munde gehe, das nicht von den genannten fünf Tugenden erfüllt ist: Alles, was von ihm herkommt, muss Mitleid, Treue, Menschlichkeit, Redlichkeit und Frömmigkeit atmen. Nichts ist notwendiger als der Schein der letztgenannten Tugend. Denn die Menschen urteilen im Ganzen mehr nach dem Auge als nach dem Gefühl. Die Augen hat jeder offen; wenige haben richtiges Gefühl. Jeder sieht, was du zu sein *scheinst*; wenige merken, wie du beschaffen *bist*, und diese wenigen wagen es nicht, der Stimme des großen Haufens zu widersprechen; dieser hält sich an die Majestät des Staates, der sie verteidigt. Bei den Handlungen der Menschen, absonderlich der Fürsten, über die man keinen Gerichtshof anrufen kann, wird immer auf den Endzweck gesehen. Der Fürst sei also nur darauf bedacht, zu siegen und den Staat zu erhalten: Die Mittel werden immer für ehrenvoll gelten und von jedermann gelobt werden, denn der große Haufe hält es immer mit dem Scheine und mit dem Erfolg. Die ganze Welt ist voll von Pöbel, und die wenigen Klügeren kommen nur zu Wort, wenn es dem großen Haufen, der in sich selbst keine Kraft hat, an einer Stütze fehlt … Denn von den Menschen lässt sich im Allgemeinen soviel sagen, dass sie undankbar, wankelmütig und heuchlerisch sind, voll Angst vor Gefahr, voll Gier nach Gewinn … Das Band der Liebe ist die Dankbarkeit, und da die Menschen schlecht sind, zerreißen sie es bei jeder Gelegenheit um ihres eigenen Vorteils willen.«[*]

Einflüsse der Kaiser im 16. Jahrhundert

Die deutschen Kaiser des 16. Jahrhunderts und darüber hinaus regierten das Heilige Römische Reich als europäischen Staatenbund und verhinderten damit die Bildung einer deutschen Nation. – Dieses Reich war auf Bitten des Papstes zum Schutz für das Papsttum und die Christenheit entstanden. Landesregenten wählten seit dem Mittelalter den Kaiser und der Papst krönte ihn in Rom mit der Kaiserwürde. Diese bestand in der herausgehobenen Stellung. Die kaiserliche Macht war begrenzt durch die Kaiserwahl, die Mitbestimmungsrechte der Fürsten und durch die Beschlüsse der Reichstage.

Kaiser *Maximilian I.* (1508–19) nahm als erster deutscher Regent mit päpstlicher Zustimmung den Titel eines »Erwählten Römischen Kaisers« an. Seine Krönung im Dom von Trient bedeutete aber schon den ersten Schritt auf dem Weg in die Unabhängigkeit der Kaiserwürde von Rom. Durch seine *Heiratspolitik* erwarb der Kaiser Burgund, die burgundischen Niederlande, Spanien sowie die Anwartschaft auf Böhmen, Kroatien und Ungarn für sein Stammhaus *Habsburg.*

---

[*]   Quellenbuch zur Kirchengeschichte, Hrsg. H. Schuster u. a., Berlin 1964.

Kaiser *Karl V.* (1519–56) war der Enkel Kaiser Maximilians. Karl wurde in Spanien streng katholisch erzogen. Als Kind war er Herr der Niederlande und Burgunds und als Jugendlicher König von Spanien und dessen Kolonien in Übersee. Nach dem Tod seines Großvaters erbte er den habsburgischen Besitz und den Thron des römischen Königs mit dem Anspruch auf die Kaiserwürde. Bei der Kaiserwahl setzte sich Karl gegen den französischen König Franz I. durch. Er musste den Kurfürsten, der katholischen Kirche und den Ständen Schutz versprechen und durfte keine fremden Truppen ins Land führen. Kaiser Karl V. strebte die *Wiederherstellung des Reiches von Karl dem Großen* an mit der einheitlichen *katholischen Kirche.* Er wurde in Bologna als letzter Kaiser vom Papst gekrönt.

Kaiser *Ferdinand I.* (1556–64) war der Bruder und Nachfolger Kaiser Karls V. Er begründete mit seinen Erbteilen die *habsburgische Donaumonarchie* und ließ sich von den deutschen Kurfürsten zum Kaiser des *Heiligen Römischen Reiches* wählen. In seinen Ländern sorgte er für eine einheitliche Verwaltung. Mit den deutschen Fürsten schloss er 1555 den *Augsburger Religionsfrieden.*

Sein Sohn *Maximilian II.* (1564–76) neigte zum Protestantismus und bemühte sich um die *Abwehr der Türken* und um einen konfessionellen Ausgleich.

Sein Sohn *Rudolf II.* (1576–1612) förderte die *Gegenreformation.* Er versprach jedoch den böhmischen Ständen in seinem *Majestätsbrief* die Religionsfreiheit. Aus

Krankheitsgründen überließ er seinem Bruder Matthias die Regierung.

Die einflussreichsten Kaiser dieses Jahrhunderts suchten die *Glaubenseinheit* im *Heiligen Römischen Reich* zu erhalten. Sie regierten einen *europäischen Vielvölkerstaat* im Zusammenspiel mit den Landesfürsten, der römischen Kirche und den Ständen. Sie hielten den *europäischen Gedanken* der Zusammengehörigkeit gegen innere und äußere Widerstände sowie für den eigenen Machterhalt aufrecht.

Einflüsse der Landes- und Kirchenfürsten

Die Fürsten regierten im politischen Spannungsfeld kaiserlicher und eigener Machtinteressen. Sie entschieden über Rechtsprechung, Krieg und Frieden, Wirtschaft und Steuern sowie nach dem Augsburger Religionsfrieden auch über *die Konfessionszugehörigkeit ihrer Untertanen,* über die *Bildung in Schulen und* über *das Armenwesen. –* In den *Städten* gewannen die *Kaufleute* und *Handwerker* an Einfluss. Auf dem *Lande* lebten *verarmte Bauern* unter schwersten Arbeits- und Steuerlasten. Sie hatten schon 1443 unter der Fahne des *Bundschuhs* gegen die *Kirchenfürsten* protestiert. Im Jahre 1502 kam es im Bistum Speyer zu einer *Bundschuhverschwörung.* Die Bauern forderten das »göttliche Recht der Gleichheit aller Christen« und die Abschaffung der weltlichen und geistlichen Obrigkeit sowie der Leibeigenschaft. Die Verschwörung wurde aufgedeckt, zehn Rädelsführer wurden geköpft. – Im Jahr 1525 nahm der evangelische Theologe *Thomas Müntzer* Verbindung zu den Aufständischen auf. Er forderte eine »christliche Demokratie« und führte das Bauernheer in einen aussichtslosen Krieg gegen das Heer der vereinten Landesfürsten.[*]

Kaiser Karl V. war durch die Kriege gegen Frankreich und die Türkei gebunden. Die protestantischen Fürsten erwarben auf dem *1. Reichstag zu Speyer* (1529) das Recht zum Aufbau evangelischer Landeskirchen. Kaiser Karls Stellvertreter, König Ferdinand, ließ im *Augsburger Religionsfrieden* (1555) die freie Konfessionswahl zu. Im Jahr darauf dankte Kaiser Karl V. enttäuscht ab, ohne sein politisches Ziel erreicht zu haben, das Reich Karls des Großen wieder zu errichten. Er musste vielmehr um den Bestand des *Heiligen Römischen Reiches* fürchten, da er weiter von Frankreich und dem Osmanischen Reich bedrängt wurde.

Das *Konzil von Trient* (1545–63) bestätigte die katholischen Kirchenlehren und verdammte jede Kritik und Abweichung. – Der Papst beauftragte die *Jesuiten* mit der *Gegenreformation* »zur Förderung der Seelen im christlichen Leben und in christlicher Lehre, zur Verbreitung des Glaubens durch öffentliche Predigten, durch Unterweisung der Knaben und der Unwissenden im Christentum …«[**]

---

[*]   Chronik der Deutschen, Dortmund 1983.
[**] Quellenbuch zur Kirchengeschichte, Bd. I/II, Berlin 1964.

Die Reformation in Schleswig-Holstein wurde von Christian III. durchgeführt. Er erlebte als Achtzehnjähriger auf seiner Studienreise den *Reichstag zu Worms*, auf dem Luther seine Thesen vor dem Kaiser verteidigte. – Christian bekam von seinem Vater die Herrschaft über die Ämter Hadersleben und Tönning im Landesteil Schleswig übertragen. Er verstand sich nach dem Wormser Reichstag als Wegbereiter der Reformation und verpflichtete 1528 die ihm unterstellten 66 Kirchspiele auf den evangelischen Glauben. Nach dem Tod seines Vaters und einem erfolgreichen Machtkampf gegen seinen dänischen Vetter regierte Christian III. von 1534 bis 1559 als König über Dänemark, Norwegen und als Herzog über Schleswig-Holstein. Er entmachtete die katholischen Bischöfe und führte evangelische Kirchenordnungen in seinen Herrschaftsgebieten ein.

Auswirkungen der Politik auf damalige Menschenbilder

Machiavellis *Lehre von der Staatsräson* sollte den Staat und die Fürstenmacht nach innen und außen schützen, auch gegenüber den eigenen Untertanen. Das war mit der protestantischen *Freiheit eines Christenmenschen* sowie der *humanistischen Selbstbestimmung des Menschen* schwer vereinbar. Aber die *Glaubenswahrheiten* der Bibel und die *Ideale* der humanistischen Philosophie nach Freiheit, Gerechtigkeit, Gleichheit, Menschenwürde,

Frieden und Selbstbestimmung entsprachen nicht den Vorstellungen der Fürsten. Sie sahen sich verpflichtet, die für göttlich gehaltene bisherige Staats- und Ständeordnung zu erhalten, die die Päpste durch die Kaiserkrönungen immer bestätigt hatten.

Protestantische Bauern und *Bergarbeiter* hatten sich zwar auf die *christliche Gleichheit aller Menschen* berufen und sich gegen den Machtanspruch der Staatsräson gestellt, waren aber im *ersten deutschen Aufstand* an der Waffengewalt deutscher Fürsten gescheitert. Diese Niederlage war für den dritten Stand ein nachhaltiges Lehrstück über das *Menschenbild im Ständestaat*, in dem Fürsten die Gesellschaft teilten, um das Volk leichter regieren zu können.

Deutsche Kaiser kamen seit dem Mittelalter der Bitte nach, das Papsttum und die katholische Kirche gegen äußere und innere Feinde zu schützen. Das Kaiserreich bestand im 16. Jahrhundert aus einem *Staatenbund* des bis nach Südamerika reichenden *Habsburger Reiches*, ‚in dem die Sonne nicht unterging‘. Für die Abwehr äußerer Feinde war der Kaiser auf die Unterstützung der Fürsten angewiesen. Diese verhandelten auf Reichstagen eigene und kaiserliche Interessen, bis ein Weg für ein gemeinsames Handeln gefunden war.

Die *Landesfürsten* waren oft Gegenspieler der Kaiser in machtpolitischen und religiösen Fragen. Sie beeinflussten die wichtigen Lebensbereiche ihrer Völker und entwickelten das *Menschenbild des gehorsamen Staatsunterta-*

nen. Sie wandten die *Staatsräson* nach innen und außen an. Der dritte Stand musste weiterhin Ausbeutung und Armut in der Leibeigenschaft ertragen. Die Fürsten hatten, nach Luthers Ansicht, die Menschen zwar in wirtschaftliche Not geführt und durch den Glaubenszwang deren Würde und Rechte verletzt, aber diese Anschuldigungen bewirkten keine Verbesserungen.

Die Fragen an das Menschenbild, wer der Mensch ist, woher er kommt, wohin er geht und wozu er da ist, beantworteten Fürsten und Geistliche arbeitsteilig. Die Regenten betrachteten die Menschen als ihre Untertanen, die sie für die Erhaltung des Staates und ihrer Macht benutzten. Sie entschieden über Leben und Tod, über Krieg und Frieden, über Konfessionszugehörigkeit und Bildung, über Rechte und Pflichten sowie über die soziale Fürsorge ihrer Untertanen. Die evangelischen Landesfürsten übernahmen die Kirchenleitung, sie ernannten Pastoren und beauftragten sie, die Fragen, wer der Mensch sei, woher er komme und wohin er gehe, im religiösen Sinne zu beantworten. Die Kirche half, soziale Nöte zu lindern und die Schulen zu beaufsichtigen. – Das war der Preis der evangelischen Kirche an die Landesfürsten für die Reformation.

Einflüsse und Auswirkungen des Bankwesens

Das *Bankhaus der Medici* führte ab dem 14. Jahrhundert von Venedig und dann von Florenz aus große Handels- und Bankgeschäfte in Europa durch. Die Medici haben das kirchliche Zinsverbot durch hohe Wechselgewinne von 15 Prozent ausgeglichen. Als sie die Goldwährung einführten, waren nämlich in den übrigen europäischen Ländern noch Silber- und Kupfermünzen übliche Zahlungsmittel. – Ab dem 16. Jahrhundert fiel das kirchliche Zinsverbot durch das Augsburger *Bankhaus der Fugger.*

Jakob Fugger »der Reiche« (1459–1525)

Jakob II. Fugger wurde auch »der Reiche« genannt. Er war der gleichnamige Sohn des erfolgreichen Bankgründers in Augsburg. Jakob II. begann seine kaufmännische Lehre in Venedig und übernahm 1485 die Leitung der Bankgeschäfte in Innsbruck. Dort verbündete er sich mit Erzherzog Maximilian, dem späteren Kaiser Maximilian I. Mit seiner Hilfe erwarb Fugger in Tirol ein Silberbergwerk und in Ungarn Kupferbergwerke für seine Münzprägung. Mit seinem europäischen Kupfermonopol wurde Fugger reich und zum Bankier des Kaisers. Er finanzierte die Wahl Kaiser Karls V. und wurde zum

Geldverleiher der Päpste. Fugger erwarb große Ländereien und wurde vom Kaiser in den Reichsgrafenstand erhoben. Er ließ seine Bank- und Handelshäuser im italienischen Renaissancestil errichten und förderte diese Kunstrichtung in Deutschland.[*]

Auswirkungen der Geldwirtschaft auf damalige Menschenbilder

Jakob II. Fugger verdiente im Geldverleih an Kaisern und Päpsten, am Groß- und Ablasshandel. Deshalb lehnte er Luthers Kirchenreform ab. Der päpstliche Legat *Cajetan* verhörte Luther 1518 im Hause Fugger. Mit Hilfe des Ablasshändlers *Johannes Eck* hebelte Fugger das kirchliche Zinsverbot aus, indem er dem Vatikan einen niedrigen Zinssatz von fünf Prozent anbot. – Auf dem Reichstag zu Augsburg (1550) erhob der Reichsfinanzminister eine Monopolklage gegen Fuggers Handelsgesellschaften, die von Kaiser Karl niedergeschlagen wurde. Auch die Hansestädte wandten sich gegen Fuggers überhöhte Preise und die Zinsforderungen, die »wenige reich und viele ärmer machten«.[*]

Jakob II. Fugger förderte die *Geldwirtschaft* und den *Handel* in deutschen und europäischen Ländern und Städten. Der *Kaufhandel* blühte durch die *Münzprägung*

---

[*] Chronik der Deutschen, Dortmund 1983.

auf. Fugger führte außerdem den *bargeldlosen Zahlungs-verkehr* ein und schützte die Kaufleute dadurch vor Geld-überfällen. Die *Geldwirtschaft* verlieh den europäischen Banken eine bis dahin unbekannte *Macht* über *Päpste, Kaiser, Fürsten* und *Kaufherren.* Auch Bürger, Bauern und Handwerker strebten nach dem praktischen Geld, das den Tauschhandel und die Abgeltung mit Naturalien zunehmend ablöste. – Die Geldwirtschaft veränderte die Menschenbilder in Europa dahingehend, dass fortan alle nach Geld strebten.

Einflüsse und Auswirkungen
der Wissenschaften

In der Renaissance öffneten *Astronomen* ein Tor für die *Naturwissenschaften*. Ihre Himmelsbeobachtungen und mathematischen Berechnungen brachten neue Erkenntnisse. Auch *Seefahrer, Mathematiker, Mediziner, Alchimisten und Baumeister* sammelten Erfahrungen und Wissen. Wissenschaftler suchten die Welt zu erklären. Ihre Vorstellungen unterschieden sich von den kirchlichen. Die römische Kirche zeigte sich den Erklärungsversuchen gegenüber aufgeschlossen, solange diese als *vorläufige Vermutungen* formuliert wurden. Die Kirche bestand darauf, dass nur sie über *endgültige Wahrheiten* entscheiden könne.

Nikolaus Kopernikus (1473–1543)

Kopernikus änderte mit seinen Entdeckungen das bis dahin geltende Weltbild. Er wurde in einer Kaufmannsfamilie in Thorn an der Weichsel geboren und starb im ostpreußischen Frauenburg. Da er als Zehnjähriger seinen Vater verlor, wurde er von seinem Onkel erzogen. Von 1491 bis 1503 studierte er in Krakau Mathematik, Astronomie, Philosophie und anschließend in Bologna, Rom, Padua und Ferrara die Rechtswissenschaften und die Medizin. Nach seiner Rückkehr wurde er Sekretär seines Onkels, der zum Bischof von Ermland gewählt worden war. Ab 1512 lebte Kopernikus als Kanzler des Domkapitels überwiegend in Frauenburg und verwaltete das preußische Lehen.

Kopernikus betrieb die *Astronomie* als Liebhaberei. Er entdeckte, dass nicht die Erde, sondern die Sonne im Mittelpunkt unserer Welt steht: »Der Erdmittelpunkt ist nicht der Mittelpunkt der Welt, sondern nur der der Schwere und des Mondbahnkreises. Alle Bahnkreise umgeben die Sonne, als stünde sie in aller Mitte, und daher liegt der Mittelpunkt der Welt in Sonnennähe.« Kopernikus erkannte den Himmel als Raum sowie Erde, Sonne, Mond und Sterne als Himmelskörper. Er beobachtete, dass die Sonne von der Erde jährlich einmal umkreist wird und die Erde sich täglich einmal um sich selbst dreht. – Diese Erkenntnisse bedeuteten den Abschied vom bisherigen kirchlichen Weltbild eines festen Himmelszeltes und einer Erdscheibe als Mittelpunkt des Alls.[*]

Kopernikus veröffentlichte seine Entdeckungen erst am Ende seines Lebens, weil er sie nicht mathematisch beweisen konnte; das war damals wie heute eine Voraussetzung von ernst zu nehmenden astronomischen Forschungen. Sein *Weltbild* widersprach der kirchlichen Lehrmeinung. Als *Johannes Kepler* 1616 die Richtigkeit von Kopernikus' Entdeckungen mathematisch beweisen konnte, wurden die Bücher des Kopernikus von der rö-

---

[*] Der Brockhaus, Leipzig 2005.

mischen Kirche verboten. Das *kopernikanische Weltbild*
bedeutete eine Wende in den Köpfen gebildeter Menschen, es nährte den *Zweifel am kirchlichen Weltbild* und
ließ auch solchen am *Menschenbild der Bibel* aufkom-
men.

Johannes Kepler (1571–1642)

Kepler wurde in Weil im Landkreis Böblingen als Früh-
chen geboren. Er war hochbegabt, hatte aber zeitlebens
schlechte Augen. Nach dem Besuch der Lateinschule studierte Kepler in Tübingen Theologie und wurde dann
Mathematiklehrer an der Stiftschule in Graz. Im Jahre
1596 veröffentlichte er seine Schrift *Das Weltgeheimnis*.
Hierin beschrieb er seine Vermutung, dass das Weltall
aus regelmäßigen geometrischen Körpern bestehe. Diese
Theorie suchte er zu beweisen. Der kaiserliche Hofastro-
nom *Tycho Brahe* erkannte den Wert dieser Annahme. Er
verfügte über astronomische Beobachtungen, die Kepler für seine Beweisführung benötigte. Deshalb machte
Kepler sich auf nach Prag und wurde nach Brahes Tod
sein Nachfolger.

Kepler schrieb zunächst ein Lehrbuch über die Optik.
Es enthielt den Entwurf eines astronomischen Fernrohrs,
das er aber wegen seiner schlechten Augen nicht baute.
In Linz wurde er Professor und wertete die astronomischen Beobachtungen von Kopernikus und Brahe in
seiner Schrift über die *Astronomia Nova* aus. Sie enthielt

die ersten beiden Keplerschen Gesetze: »Die Planeten bewegen sich in Ellipsenbahnen und nicht in Kreisbahnen, und die Planeten bewegen sich nicht mit gleichförmiger Geschwindigkeit, sondern so, dass eine gedachte Gerade vom Planeten zur Sonne in gleicher Zeit gleiche Flächen bestreicht.«[*]

Diese Gesetzmäßigkeiten suchte Kepler theologisch zu durchdringen und pries Gottes harmonisches Weltbild: »Lobpreiset ihn, ihr himmlischen Harmonien, lobpreist ihn alle, die ihr Zeugen der nun entdeckten Harmonien seid. Lobpreise auch du, meine Seele, den Herrn, deinen Schöpfer, solange ich sein werde. Denn aus ihm und durch ihn und in ihm ist alles.« – Kepler vervollständigte das kopernikanische Weltbild, als er die Abhängigkeit der unterschiedlichen Geschwindigkeiten der Planeten von ihren Massekräften entdeckte.[**]

Auswirkungen der Astronomie auf die Menschen- und Weltbilder

Rom beurteilte die astronomischen Erkenntnisse von Kopernikus und Kepler unterschiedlich. Die Geistlichen befürchteten, dass Kopernikus' Schriften zu einer mechanischen Welterklärung sowie zur Trennung von Glauben und Vernunft führen würden. Dagegen

---

[*]   Der Jahrtausendturm – So wurde die Welt verändert, Zürich 1999.
[**] Der Brockhaus, Leipzig 2005.

pries Kepler mit seinen Annahmen den Schöpfer und nutzte Glauben und Vernunft als Schöpfungsgeschenke für seine Erkenntnisse. Seine Schriften wurden nicht verboten, weil Kepler keinen endgültigen Wahrheitsanspruch erhob. – Gebildete Renaissancemenschen vertrauten eher den *neuen Weltbildern* der Astronomen und Seefahrer als den kirchlichen Lehren. Einige zweifelten fortan auch die biblischen Glaubenswahrheiten an und stellten das christliche Menschenbild in Frage. Diese in Latein verfassten Zweifel der Gebildeten erreichten aber noch nicht das Volk.

Einflüsse und Auswirkungen der Literatur

Die Literatur der Renaissance lässt sich auf *drei Wurzeln* zurückführen, auf *spätmittelalterlich-volkstümliche*, auf *humanistische* und auf *reformatorische*.

Die spätmittelalterliche *volkstümliche Dichtung* war weiterhin beliebt. *Reinke de Voss* erschien 1498 in Lübeck als *Zeit- und Ständekritik*. Im *Volksbuch Eulenspiegel* von 1515 siegte der Witz der Bauern über den der Städter. *Hans Sachs* spottete ab 1560 in *Schwänken* über leichtgläubige Menschen, einfältige Bauern, listige Studenten, bösartige Frauen und lüsterne Pfaffen. Das *Volksbuch* über *Doktor Johann Faust* erschien 1587, es beschrieb »Faust als warnendes Beispiel für den freventlichen Wissensdurst des Humanismus und des neuen Genussmenschen der Renaissance.« Im Jahr 1598 erschien das *Volksbuch* über *die Schildbürger* mit Schwänken und Narrheiten der Kleinbürger, die in ihrer Weisheit selbst versanken.[*]

Die *humanistische Dichtung* wandte sich hauptsächlich an Gebildete. So verfasste *Johannes Reuchlin* mit *Henno* »die Geschichte vom klugen Knecht, der seinen Herrn und schließlich auch den Anwalt, der ihm geholfen hatte, betrügt.« *Conrad Celtis* schrieb sinnliche *Liebesgedichte*

---

[*]   H. A. und E. Frenzel, Daten deutscher Dichtung, München 1962.

nach seinen Vorbildern Horaz und Ovid. Er übersetzte auch römische Dichtungen ins Deutsche.[*]

Die *reformatorische Literatur* nahm den breitesten Raum ein. *Luther* legte mit seiner *Bibelsprache* den Grundstein für die *deutsche Sprachnation* und ihre Literatur in den folgenden Jahrhunderten. Er verfasste und vertonte *geistliche Lieder* zur Festigung des Glaubens. Neben seinen *Schriften an alle Stände* übersetzte er auch *Fabeln* von Äsop. – Autoren beider Konfessionen schrieben *religiöse Schuldramen*, die aufgeführt wurden. Sie betonten konfessionelle Glaubensunterschiede und beinhalteten biblische Stoffe, wie *Susanna*, *Joseph*, *Der verlorene Sohn* und die *Passion Jesu Christi*.

Conrad Celtis (1459–1508)

Celtis war ein *humanistischer Dichter* und bedeutender *Geograph*. Er wurde als Sohn eines Winzers in Wipfeld zwischen Schweinfurt und Würzburg geboren. Da er nicht Winzer werden wollte, floh er als Jugendlicher auf einem Floß nach Köln. Hier studierte er die freien Künste, Grammatik, Beredsamkeit, Dialektik, Arithmetik, Geometrie, Astronomie und Musik. Er erlebte an deutschen Universitäten die Auseinandersetzungen zwischen theologischen und humanistischen Lehren über die Freiheit und die Menschenwürde der Christen sowie

---

[*] H. A. und E. Frenzel, Daten deutscher Dichtung, München 1962.

über die humanistische Selbstbestimmung und freie Entfaltung der Persönlichkeit. Die Humanisten wählten die neuen wissenschaftlichen Erkenntnisse als Grundlage für ihre vernunftbetonte Philosophie. Sie hielten eine vielseitige Bildung sowie die Besinnung auf die deutsche Geschichte für wichtig.

Celtis führte ein unruhiges Wanderleben. Er studierte in Heidelberg die alten Sprachen und hielt 1486 an der Universität Leipzig Vorlesungen über die antike Dichtkunst. In Heidelberg übernahm er die Prinzenerziehung des Kurfürsten. Im Jahr 1489 wandte er sich in Krakau der Mathematik und Astronomie zu. Dann lehrte er in Ingolstadt die Beredsamkeit und Dichtung. Danach leitete er die Regensburger Domschule und kehrte erneut nach Ingolstadt zurück.[*]

Im Jahr 1497 wurde Celtis von Kaiser Maximilian I. als ordentlicher Professor für Dichtkunst und Beredsamkeit an die Universität Wien berufen. Hier wurde er wegen seiner humanistischen Anschauungen und wegen seiner neulateinischen Gedichte sowie der Betonung der deutschen Geschichte zum *Vorbild vieler Humanisten*. Er gründete 1501 in Wien die *Gemeinschaft für Dichtkunst und Mathematik*, in der nach humanistischen Vorstellungen Führungskräfte ausgebildet werden sollten. Celtis hielt hier zum ersten Mal Vorlesungen über *Homer* sowie über die *Geschichte der Germanen* nach Tacitus.

_____

[*]   Hartmann Schedel, Literaturhaus Wipfeld (Literaturportal Bayern).

Im Jahr 1501 veröffentlichte Celtis sein *dichterisches Hauptwerk:* »Vier Bücher mit Liebesgedichten entsprechend den vier Hauptgegenden Deutschlands«. Die Bücher sind der Polin Hasilina, der Regensburger Hauswirtin Elsula, der Mainzerin Ursula und der Lübeckerin Barbara gewidmet. »Jedes Buch ist nach dem Wesen des jeweiligen Liebesabenteuers abgestimmt.« Im Mittelpunkt steht die sinnliche Liebe nach antiken Vorbildern.[*]

Celtis wurde auch durch die von ihm eingeführten lateinischen Festspiele in Linz und Wien bekannt. Er gilt als Begründer einer Vorform der höfischen Oper.

Martin Luther (1483–1546)

Luther gehörte zu den Vertretern der *reformatorischen Renaissancedichtung.* Er war Herausgeber der *Theologia Deutsch* (1516), der Schrift eines unbekannten Frankfurters des späten 14. Jahrhunderts aus dem Deutschherrenhaus in Sachsenhausen. Luther schätzte in seinem Vorwort dieser geistlichen Schrift die einfache Sprache des Buches und machte es in den deutschen Ländern bekannt, weil es nach seiner Ansicht die Weisheit und das Lob Gottes ohne die Kirchenlehren aus vorherigen Jahrhunderten auslegte. Das Büchlein beabsichtigte, Menschen den Weg zur ewigen Seligkeit zu zeigen. Luther bat, das Buch nicht zu verachten, denn es sei trotz seiner

---

[*]   H. A. Frenzel, Daten deutscher Dichtung, München 1962.

sprachlichen Schlichtheit reich an göttlicher Weisheit. Er selbst habe aus der Bibel, den Schriften des Augustinus und aus dieser Schrift gelernt, »was gut ist, wer Christus, wer der Mensch und alle Dinge sind.« Diese vorreformatorische Schrift erschien in 81 Auflagen und war damals unter deutschen Lesern sehr verbreitet. Papst Paul V. ließ die Schrift im Jahre 1612 verbieten.[*]

Mit seinen *Bibelübersetzungen* schenkte Luther den Deutschen eine allgemein verständliche Sprache, deren Redewendungen wir heute noch benutzen, wie »Perlen vor die Säue werfen«, »ein Machtwort sprechen«, »in den sauren Apfel beißen« … Fricke/Klotz würdigen diese Sprachleistung: »Durchdrungen von seinem religiösen Grunderlebnis, das ihm das Wort Gottes aus reinster Ehrfurcht und Liebe von innen her erschloss, ausgerüstet mit einer ursprünglichen Bildkraft, Gegenständlichkeit und Einfalt der Sprache, wie sie ihm nicht zuletzt aus seiner unmittelbaren Herkunft aus dem Volke zuwuchs, begabt mit der Fähigkeit, das Zarteste und Innigste wie das Gewaltige und Erschütternde Wort und Klang werden zu lassen und mit einem Ohr für Musik und Rhythmus der Rede, die seine Sätze zwischen Prosa und Poesie stellen und mit genialer Sicherheit Klang und Melodie werden lassen, was sie sagen und meinen – so wird Luthers Bibelübersetzung zugleich zur größten *dichterischen* und *sprachschöpferischen Leistung* seines Zeitalters.« – Luther stellte auch das *Kirchenlied* in den Dienst der Glaubensverkündigung. Im Jahr 1524 erschien das erste von

---

[*] Theologia Deutsch, in neuer Übersetzung von A. M. Haas, Freiburg 1993.

ihm herausgegebene *Achtliederbuch* mit vier von ihm verfassten Liedern.[*]

Hans Sachs (1494–1576)

Der Schuhmachermeister und Poet aus Nürnberg gilt als der bekannteste Vertreter der *volkstümlichen Dichtung*. Er wurde in der Reichsstadt geboren und starb dort auch. Er besuchte acht Jahre die Lateinschule und erlernte anschließend das Schuhmacherhandwerk seines Vaters. Als Geselle ging er auf eine fünfjährige Wanderschaft. In München erlernte er den *Meistersang*, eine Liedkunst der Dichter-Handwerker, die nach festen Regeln gepflegt wurde. Auf diese Weise wollten auch Handwerker an den schönen Künsten teilhaben. – Im Jahr 1519 heiratete Sachs. Ab 1520 war er Schuhmachermeister und Meistersinger in seiner Heimatstadt. Er verfasste über 4000 Meisterlieder und über 1900 Spruchgedichte. Nach einer Schreibpause trat er im Jahr 1523 als Meistersinger mit dem Gedicht *Die Wittenbergische Nachtigall* für die Reformation ein und wurde weit über Nürnberg hinaus in Süddeutschland bekannt.[*]

Seine Parteinahme war gewagt, weil Nürnberg als freie Reichsstadt dem Kaiser unterstand. Dessen Wormser Erlass von 1521 verbot jede reformatorische Unter-

---

[*] Fricke/Klotz, Geschichte der deutschen Dichtung, Hamburg 1964.

stützung. Auf dem Reichstag in Nürnberg (1522/23) forderte der päpstliche Nuntius vom humanistisch geprägten Stadtrat in Nürnberg, unnachsichtig gegen Protestanten vorzugehen. Nach diesem Reichstag trug Sachs sein Meisterlied von der *Wittenbergischen Nachtigall* vor, in dem er ein Lob auf Luthers Bibelauslegung von der Vergebung und Rechtfertigung sang. Als das Lied auf breite Zustimmung stieß, erweiterte er es um die gesamte evangelische Lehre von 80 auf 700 Verse und ließ es drucken, sodass viele Menschen in Süddeutschland über den evangelischen Glauben aufgeklärt wurden. Auf dem Titelbild seines Meistergesangs wurden Luthers Gegner als wilde Tiere dargestellt, die der Nachtigall im hohen Baum nichts anhaben konnten.

Auswirkungen der Literatur auf damalige Menschenbilder

Die Literatur der Renaissance bot unterschiedliche Menschenbilder an. Die *humanistische Dichtung* beschrieb Formen eines selbstbestimmten Lebens. Die *reformatorische Dichtung* diente vor allem der Stärkung des christlichen Glaubens und einer verantwortlichen Lebensführung. Die *volkstümliche Dichtung* überlieferte mittelalterliche Volksweisheiten und kritisierte die ständischen Widersprüche in der Gesellschaft. Insgesamt überwogen religiöse Inhalte in der deutschen Renaissanceliteratur. Die deutschen Dichter versuchten, die geistigen, geistlichen und sprachlichen Erneuerungen der Neuzeit zu bewältigen.

Humanistische Auswirkungen in der Literatur zeigten sich im vorbehaltlosen Ja zur Welt und ihren Freuden. Der Literaturkreis um Celtis fand seine Vorbilder in der antiken Dichtung und inhaltlich auch in der deutschen Geschichte. Die humanistische Dichtung wandte sich hauptsächlich an Gebildete.

Die *Volksbücher* weckten die Aufmerksamkeit der Leserschaft für deutsche Volksweisheiten und Sagen aus der deutschen Geschichte. Mit der Rückschau auf die Vergangenheit wurde eine *nationale Literatur* ins Bewusstsein gerufen. Das Volksbuch von *Doktor Johann Faust* ließ »den Gegensatz von humanistischer und reformatorischer Dichtung erkennen: Faust als warnendes Beispiel für den freventlichen Wissensdurst des Humanisten und des renaissancehaften Genussmenschen.«[*]

In der *Volksdichtung* fand jeder Stand das ihm zugedachte Menschenbild. *Volkslieder* besangen das Leben der Stände, festgefügte Rollen, unglückliche Lieben zwischen den Ständen, sowie das Wanderleben der Handwerker. Der geübte *Meistergesang* »knüpfte an die mittelalterliche Spruchdichtung an, deren Strophen und Melodien mit religiösen und weltlichen Inhalten über Wissen und Moral aus der Sicht des Handwerkerstandes gefüllt waren.«[**]

---

[*]   Fricke/Klotz, Geschichte der deutschen Dichtung, Hamburg 1964.
[**] Dirk von Petersdorff, Geschichte der deutschen Lyrik, München 2008.

Die eingangs gestellten *Menschheitsfragen* beantworteten die Dichter unterschiedlich. Die *Humanisten* rühmten das Streben nach Glück, Wohlergehen und sinnlicher Liebe. *Religiöse Dichter* wiesen den Menschen auf seine Unvollkommenheit und Gottesferne sowie auf seine Errettung durch den Glauben an Gottes Vergebung hin. *Volkstümliche Dichter* unterhielten die Menschen mit Volksweisheiten, Sagen und Moralgeschichten. Sie führten ihnen aber auch ihre Schwächen vor Augen. Auf die gestellten Fragen antworteten religiöse Dichter mit christlichen Glaubenswahrheiten. Humanistische Dichter gaben unterschiedliche Antworten. So beantwortete *Brant* in seiner Satire Das Narrenschiff die Frage nach der menschlichen Bestimmung mit der Umkehr zu Gott, während andere Humanisten das weltliche Leben priesen. – Die Literatur des 16. Jahrhunderts bot viele Menschenbilder zur persönlichen Entscheidung an und veranlasste die Menschen zum Nachdenken über den Lebenssinn.

Einflüsse und Auswirkungen
der Pädagogik

Im *Mittelalter* vermittelten Kirchen und Klöster den Schülern das christliche Menschen- und Weltbild. Karl der Große (747–814) beauftragte die Bischöfe im gesamten fränkischen Reich, an Domen und Klöstern Schulen für zukünftige Mönche und Priester einzurichten. Lehrfächer waren Latein, Mathematik, Musik, Dialektik, Grammatik und die Redekunst. Schulen ermöglichten Universitätsstudien der Theologie, der Rechtswissenschaften, der Medizin und der schönen Künste. Diese Studieninhalte bestimmten auch das geistige Leben in Europa.

Mit dem Beginn der *Stadtkultur* im 12. Jahrhundert forderten auch Handel und Handwerk Fertigkeiten im Rechnen, Lesen und Schreiben. Die Kulturtechniken wurden zunächst von Schreib- und Rechenschulen vermittelt und später auch von Pfarr- und Küsterschulen. Solche gab es zuerst in den freien Reichsstädten. Die Städte wirkten besonders anziehend, weil sie mehr Freiheit, Rechtsgleichheit, Bildung und bessere wirtschaftliche Möglichkeiten boten.

In der *Reformationszeit* wurden Dom- und Klosterschulen in *Gymnasien* und *Universitäten* umgewandelt. Letztere waren mit kaiserlichen und päpstlichen Vorrechten der Satzungs- und Lehrfreiheit sowie eigener Gerichtsbarkeit ausgestattet. Die ersten deutschen Universitäten wurden im ausgehenden Mittelalter in Heidelberg (1386), Köln (1388) und Erfurt (1392) gegründet.

Die protestantischen Regenten lösten die Klöster auf und richteten öffentliche *Schulen* ein. In Kursachsen wurde 1528 eine *Schulordnung für Küsterschulen* im Anhang einer Kirchenordnung erlassen, die der Humanist *Philipp Melanchthon* verfasst hatte. Diese Schulen sollten den evangelischen Glauben festigen und den Kindern grundlegende Kulturfertigkeiten vermitteln.

Luther forderte von den Landesfürsten mehr Ausgaben für die *Schulbildung:* »Liebe Herren, muss man jährlich so viel wenden an Büchsen, Wege, Stege, Dämme und dergleichen unzählige Stücke mehr, damit eine Stadt zeitlich Friede und Gemach habe, warum sollte man nicht vielmehr doch auch so viel wenden an die dürftige arme Jugend, dass man einen geschickten Mann oder zwei hielte zu Schulmeistern.« – Für *Gymnasien* stellte Melanchthon einen christlich-humanistischen Lehrplan auf, in dem vor allem Religion und die alten Sprachen gelehrt wurden. Die römische Kirche erstellte auch humanistische Lehrpläne, soweit sie mit ihren Glaubensgrundsätzen vereinbar waren.[*]

Die *Universitäten* erlebten während der Reformation einen Niedergang, weil die neuen Glaubensfragen zunächst als nebensächlich betrachtet wurden. Die Zahl der Stu-

---

[*]   Quellenbuch zur Kirchengeschichte, Berlin, 1964.

denten nahm bis 1535 um drei Viertel ab. Melanchthon setzte sich für eine Neugestaltung des Universitätswesens ein. Er sah im allgemein verbindlichen Vorstudium der alten Sprachen den Schlüssel zum klaren Denken für angehende Theologen, Juristen und Mediziner.

Philipp Melanchthon (1497–1560)

Melanchthon wurde in Bretten als Sohn eines Waffenschmieds geboren. Sein Vater kehrte als ein von vergiftetem Brunnenwasser erkrankter Mann aus dem bayrisch-pfälzischen Krieg zurück. Der siebenjährige Junge hatte Belagerung und Kämpfe in seiner Heimatstadt miterlebt. Seine Großeltern ließen den aufgeweckten Enkel von einem Privatlehrer in Latein und in den humanistischen Wissenschaften unterrichten. Danach förderte ihn sein Großonkel *Johannes Reuchlin* – ein angesehener Humanist und Erforscher der hebräischen Sprache sowie ein entschiedener Verteidiger der Juden und ihrer Rechte.

Als Zwölfjähriger begann Melanchthon das Studium der Sprachen Griechisch und Hebräisch sowie der antiken Philosophie in Heidelberg. Sein Großonkel vermittelte den 21-Jährigen als *Professor für Griechisch* an die junge Universität zu Wittenberg. Melanchthon schloss sich Luther freundschaftlich an und erkannte die große *Bedeutung der Bildung für die Reformation*. Er entwickelte den *deutschen Sonderweg der christlich-humanistischen Bildung.*

Eine Bildungsreform erschien ihm erforderlich, weil die Eltern ihre Kinder kaum noch religiös erzogen und sie auch nicht mehr auf die Universitäten schickten. Das Studienangebot deutscher Hochschulen war so veraltet, dass sie teilweise weniger als die Hälfte ihrer ehemaligen Studenten anzogen. – Melanchthon suchte sowohl den schlechten Bildungsstand in den Gymnasien anzuheben als auch das Lehrangebot der Universitäten zu verbessern. Er erweiterte die Schulfächer um die alten Sprachen, um die Poesie, Mathematik, Geschichte und die freie Rede. Die humanistische *Sprachbildung* sollte die Quellenarbeit an den Evangelien und an antiken Texten vorbereiten und die Geschichte sollte antike Wissenschaften erschließen helfen. Auf diese Weise versuchte Melanchthon, religiöse und humanistische Bildungsinhalte miteinander zu verbinden. Er galt schon zu Lebzeiten als »Lehrer der Deutschen«. Er sah Glauben und Vernunft als Geschwister an, die er zur Bildung des Charakters und der Gesinnung für wichtig hielt. Das Erlernen alter Sprachen und die freie Rede sollten das Denken schärfen. Er leitete seine Schüler auch zu schöpferischen Tätigkeiten an und ließ sie sowohl die Widersprüche des Lebens als auch ihre eigene Unzulänglichkeit und Heilsbedürftigkeit erkennen.[*]

An den Universitäten führte Melanchthon für die The-

---

[*]   H. E. Ternorth (Hrsg.), Klassiker der Pädagogik, München 2003.

ologen die *vergleichende Spracharbeit* an lateinischen, griechischen und hebräischen Bibeltexten ein, damit die Inhalte der Heiligen Schrift richtig verstanden würden. Auch andere Studienfächer wurden um antike Lehrinhalte erweitert, wie beispielsweise das Medizinstudium um die Seelenlehre. – Die Bildung an alten Sprachen erfolgte wegen der Studien an antiken Quellen und auch wegen der internationalen Verständigung zwischen den europäischen Gelehrten in lateinischer Sprache. Die Studentenzahlen an der Universität Wittenberg stiegen nach diesen Studienreformen deutlich an.

Die Reformen leitete Melanchthon teils aus seiner humanistischen Ausbildung und teils aus seiner *Hausschule* ab, die er mit seiner Frau eingerichtet hatte. Dafür hatte er christlich-humanistische *Unterrichtspläne* entworfen, die eine feste *Tagesordnung* vorsahen. Morgens weckte ein Kind die anderen mit einem selbst verfassten Gedicht und ermahnte alle, das Gotteslob nicht zu vergessen. Das gemeinsame Essen war von Dankgebet und Segen umrahmt. Mit einem Abendgedicht und einem Gebet wurde jeder Tag beendet. Dazwischen unterrichtete Melanchthon die Schüler in Latein und Griechisch. Die Kinder begegneten ihm mit Respekt. Er selbst bemühte sich, den Stoff möglichst abwechslungsreich zu gestalten. Er verfasste, wie zuvor sein Förderer Reuchlin, humorvolle Theaterstücke und ließ sie von den Schülern aufführen. Diese unterhielten sich in lateinischer Sprache und übten in Wettbewerben die Dichtkunst. Manchmal kamen Gäste aus dem Ausland und bildeten eine bunte

Tischgemeinschaft; dann wurden die erlernten Sprachen angewandt.[*]

Melanchthon unterteilte seine Schüler in drei »Haufen«, in die sie gemäß ihren Leistungen aufsteigen konnten: Im ersten Haufen erlernten sie die lateinische Sprache, das Lesen, Schreiben und Singen. Er verfasste ein »Handbüchlein« mit dem Alphabet, mit Glaubenssprüchen und Gebeten. Diese erste ‚Fibel' sollte den lateinischen Wortschatz erweitern. Im zweiten Haufen erlernten die Kinder die lateinische Grammatik aus Psalmen und aus Sprüchen des Matthäusevangeliums sowie aus lateinischen Texten des Erasmus von Rotterdam. Melanchthon riet den Schulleitern in neuen Gymnasien: »Sollte sich ein Lehrer dem manchmal nervenaufreibenden Grammatikunterricht verweigern, soll man ihn laufen lassen und den Kindern einen anderen suchen.« Im dritten Haufen sammelte Melanchthon die besonders Begabten. Diese lasen Texte von Vergil, Ovid und Cicero und übten die freie Rede. Latein war in dieser Stufe die verbindliche Schulsprache. Die deutsche Muttersprache wurde nicht gelehrt. Am Anfang jeden Tages wiederholten und festigten die Schüler das Erlernte. – Melanchthon forderte eine *Grundbildung für alle Kinder,* die aber ohne Schulpflicht nicht erreicht wurde. Er lehnte Prügelstrafe als Erziehungsmethode ab, wie sie in mittelalterlichen Klosterschulen noch üblich gewesen war.[**]

Die Nürnberger Stadtväter baten Melanchthon, nach-

---

[*]   Uwe Birnstein, Der Humanist, Berlin 2010.
[**] Uwe Birnstein, Der Humanist, Berlin 2010.

dem sie sich für die Reformation entschieden hatten (1523), er möge für ihre Stadt ein christlich-humanistisches Gymnasium einrichten und die Kinder auf die Studien an den Universitäten vorbereiten. Melanchthon setzte seine Bildungspläne an einem städtischen Gymnasium um. Er fand in dem befreundeten Wittenberger Professor Camerarius einen tüchtigen Schulleiter für die neue Schule. Im Jahre 1526 eröffnete Melanchthon das Nürnberger Gymnasium mit einer Rede über den hohen Wert der Wissenschaften. Darin betonte er, dass sich die humanistische Bildung und christliche Religion zum Wohle der Menschen durchdringen sollten. »Ich bete zu Christus, dass er dem Beginn eures sehr schwierigen Unternehmens seine Gunst erweise und euren Plänen ebenso wie dem wissenschaftlichen Eifer der Lernenden zu glücklichem Gelingen verhelfe.«[*]

Ignatius von Loyola (1491–1556)

Ignatius stammte aus einem baskischen Adelsgeschlecht und wurde zum *Gründer des Jesuitenordens*, der im päpstlichen Auftrag die *Gegenreformation* in Europa durchführte. – Da seine Mutter kurz nach seiner Geburt starb, wurde Ignatius von der Frau eines Schmiedes aufgezogen. Als auch sein Vater starb, wurde er Hofpage und erwarb eine ritterliche Bildung. Bei der Verteidigung von Pamplona (1521) wurde er schwer verwundet. Er wandte sich

---

[*] Uwe Birnstein, Der Humanist, Berlin 2010.

im Kloster der religiösen Literatur zu, überdachte sein Leben und veränderte es. Nach einem Jahr Krankenlager pilgerte er als bekehrter Bettler nach Rom und Jerusalem, das von den Osmanen besetzt war. In Barcelona holte er seine fehlende Schulbildung nach, um Theologie zu studieren. Wegen seiner mystischen Neigung wurde er von der Inquisition verhört und floh nach Paris. Dort schloss er mit sieben Studienfreunden eine Gemeinschaft, die Keuschheit und Mission gelobten. Im Jahr 1537 wurden sie in Venedig zu Priestern geweiht und gründeten in Rom den *Orden der Gesellschaft Jesu*. Diese Jesuiten entschlossen sich, in den Dienst des Papstes zu treten. Der Papst nahm das Angebot zunächst zur Kenntnis und beauftragte den neuen Orden drei Jahre später mit der Ausbreitung des Glaubens in absolutem Gehorsam. Der erste Generalober dieser päpstlichen Missionsgruppe wurde Ignatius von Loyola (1540).

Der Orden war militärisch geordnet und übte bedingungslosen Gehorsam: »Wir sollen uns dessen bewusst sein, dass ein jeder von denen, die im Gehorsam leben, sich von der göttlichen Vorsehung mittels des Oberen führen und leiten lassen muss, als sei er ein toter Körper, der sich wohin auch immer bringen und auf welche Weise auch immer behandeln lässt, oder wie ein Stab eines alten Mannes, der dient, wo und wozu auch immer ihn der benutzen will.« Dieser geistliche Gehorsam war im Mittelalter verbreitet und suchte dem Weg des Gottessohnes zu folgen. Ignatius lud seine Anhänger zu geistlichen Übungen ein, den sogenannten Exerzitien, die durch eine enthaltsame

Lebensweise und ernsthafte Selbstbesinnung, Schweigen und Gebete zu Gott führen sollten.[*]

Der Jesuitenorden wurde von Papst Paul III. beauftragt, die *katholische Mission der Gegenreformation* in Europa durchzuführen. Der Orden sollte den Glauben in Schulen, Krankenhäusern, Gefängnissen und auf der Straße verkünden und nicht in Kirchen und Klöstern predigen. In Deutschland begann diese Missionsarbeit im Jahr 1544 unter dem Kölner Erzbischof *Petrus Canisius*. Da er dem evangelischen Glauben zuneigte, wurde er auf Betreiben der Jesuiten vom Papst im Jahr 1547 seines Amtes enthoben. In Rom gründeten die Jesuiten eine spezielle Priesterausbildung zur Unterstützung der Gegenreformation in den protestantisch geprägten deutschen Ländern, das Collegium *Germanicum*. Nach dessen Anweisungen predigten die Jesuiten streng nach der Bibel, mahnten zur Buße und verkündeten Gottes Vergebung – wie die Protestanten.

»Die Gründung und Finanzierung der Jesuitenschulen erfolgte durch die Landesfürsten. Der Orden folgte vorgegebenen Unterrichtszielen und Inhalten aus Rom. Die Jesuitenschulen vermittelten humanistisches Bildungsgut, soweit es sich mit ihren religiösen Vorstellungen vertrug.« In den *Schulen* leisteten sie anerkannt gute und kostenlose Bildungs- und Erziehungsarbeit. In den Gymnasien sollten der eigene Nachwuchs und Staatsbedienstete erzogen werden. Die Jesuiten bildeten auch an

---

[*] Peter Knauer (Hrsg.), Ignatius von Loyola: Gründungstexte der Gesellschaft Jesu, Würzburg 1998.

europäischen Höfen die Kinder katholischer Regenten aus und gewannen auf diese Weise Einfluss auf die Politik.[*]

Für *jesuitische Gymnasien* in Europa wurden die *Lehrinhalte*, *B*ücher, *Stundenpläne* und *Methoden* von einer internationalen Priestergruppe in Rom festgelegt. Gelehrt wurden die Fächer Logik, Philosophie, Mathematik, Astronomie und Physik. Die tägliche Schularbeit war in drei Abschnitte gegliedert: erstens die Organisation des Tages, zweitens die Zeit des Lernens und drittens die Übung der erlernten Stoffe. – Die Schulzeit dauerte fünf Jahre. In den ersten beiden Jahren erwarben die Schüler die lateinische Sprache und im dritten Jahr eine philosophische Grundbildung. Im vierten und fünften Jahr übten Schüler die Beschreibung von Sachverhalten in lateinischer Sprache. Ein weiterer Sprachenerwerb war nicht vorgesehen, weil die katholische Theologie sich ausschließlich auf die lateinische Bibel, die Vulgata, bezog. – Die deutsche Sprache war auch in katholischen Schulen kein Unterrichtsfach, die Kinder erwarben sie in der häuslichen »Mutterschule«.[**]

Das *Schultheater* bildete einen wichtigen Teil des jesuitischen Unterrichts. Es belehrte Schüler, Eltern und Besucher in heiteren und ernsthaften Formen über die Folgen eines gelungenen und verfehlten Lebens. Die Theaterstücke wurden meistens von Lehrern verfasst und klärten Schüler und das Publikum in anschaulichen

---

[*]   Chronik der Deutschen, Dortmund 1983.
[**] Chronik der Deutschen, Dortmund 1983.

Bildern über die Auswirkungen eines frommen und verwerflichen Lebens auf. Angeblich sollen sich Zuschauer nach eindrucksvollen Aufführungen wieder zum katholischen Glauben bekehrt haben.[*]

Im Jahr 1549 genehmigte Papst Paul III. dem Augsburger Fürstbischof die Gründung einer *jesuitischen Hochschule* im bayrischen *Dillingen*. Diese Einrichtung wurde das deutsche *Zentrum der Gegenreformation* und der ersten *gymnasialen Lehrerbildung*. Die Studenten belegten nach Eintritt in den Orden einen dreijährigen Kurs in Logik, Ethik, Physik, Mathematik, Unterrichtslehre und Lehrtätigkeit. Ausgebildete Lehrkräfte setzten ihre lebenslangen Studien in Schulbibliotheken nach dem Unterricht fort. Tüchtige Lehrer unterrichteten die unteren Klassen, die höheren Klassen wurden weiterhin von Priestern geführt.

Die *jesuitische Erziehung* sollte den *Charakter der* Schüler durch Willensbildung, Selbstzucht, Demut und Gehorsam formen. Eine humanistische Bildung war erlaubt, wenn sie den kirchlichen Lehrmeinungen entsprach. Der Unterricht diente der Wissensvermittlung sowie der Vorbereitung auf Universitätsstudien.[**]

---

[*] H. E. Tenorth (Hg.), Klassiker der Pädagogik, München 2003.
[**] Chronik der Deutschen, Dortmund 1983.

Auswirkungen der Pädagogik
auf damalige Menschenbilder

Der *Humanismus*, die *Reformation* und die *Gegenreformation* beeinflussten die Bildung in der Renaissance und weit darüber hinaus. Im Bildungswettbewerb der Städte boten die Jesuitenschulen ihren Unterricht kostenfrei an, wie es mit den Fürsten vereinbart war. Dadurch waren evangelische Schulen benachteiligt. Die Missionsversuche beider Konfessionen begannen in den Schulen mit den Schriften über die Glaubensinhalte in den Katechismen.

Nach *Melanchthons christlich-humanistischem Bildungsverständnis* waren der *Glaube* und die *Vernunft* für ein friedliches Zusammenleben unentbehrlich, wie er in seiner Rede zur Eröffnung des Nürnberger Gymnasiums erklärte: »Ohne Recht und Gesetz und ohne Religion können weder die staatliche Gemeinschaft aufrechterhalten noch Vereinigungen von Menschen zusammengeführt und regiert werden. Das Menschengeschlecht würde nach Art wilder Tiere umherstreifen, wenn die Wissenschaften untergingen. Die Sitten der Völker würden notwendigerweise in Barbarei ausarten, wenn sie nicht durch Wissenschaften und Frömmigkeit angeleitet würden.«[*]

Die Schulen beider Konfessionen vertraten das *biblische*

---

[*] Uwe Birnstein, Der Humanist, Berlin 2010.

Menschenbild, nach dem die *Einheit des Menschen* aus Leib, Geist und Seele bestand. Diese oft *gegeneinander wirkenden Kräfte* wurden den Schülern bewusst gemacht. Evangelische Schüler sollten fleischliche Mächte mit dem *Glauben an Gottes Hilfe* überwinden, während jesuitische Schüler sie durch *eigene Willensstärke, Selbstzucht, Demut* und *Gehorsam* beherrschen lernen sollten.

Luther und Melanchthon vermittelten das biblische Menschenbild, dass Gott dem schwachen Menschen helfe, an seine Liebe und Vergebung zu glauben. Damit Schüler das lernten, beriet Melanchthon die Lehrkräfte in Unterrichtsbesuchen, ihre Lehrinhalte nach dem christlichen Glauben auszuwählen und abwechslungsreich anzubieten. Melanchthon wollte, dass die schöpferischen Kräfte der Schüler gefördert würden, indem sie Gebete und Gedichte verfassten sowie Bibeltexte und philosophische Schriften deuteten. Die Übungen der Beredsamkeit sollten Schüler zum klaren Denken und Ausdruck anleiten.

In den Schulen beider Konfessionen beeinflussten die Glaubensgrundsätze die Bildungsziele und -inhalte. Konfessionell geprägte Menschen- und Weltbilder wurden unter der jeweiligen kirchlichen Aufsicht in den Schulen verfolgt. Die Pädagogik war vom ganzheitlichen Menschenbild der Bibel und von ihrem Erziehungsauftrag geprägt, um Schüler auf ein selbstverantwortliches Handeln in der Welt vorzubereiten. Die kirchliche Erziehung folgte dem ganzheitlichen Menschenbild. Körper, Seele und Geist des Menschen dienten Gottes Ehre und nicht der eigenen Lust. Schüler wurden angehalten, im Glauben an Gottes Hilfe zu leben oder Willensstärke, Selbstzucht, Demut und Gehorsam zu üben.

Einflüsse und Auswirkungen des Buchdrucks

*J*ohannes *Gutenberg* entwickelte 1440 den mechanischen Buchdruck mit beweglichen Buchstaben und einer neuen Druckerpresse. Um die gleiche Zeit wurde die Herstellung preiswerten Papiers entdeckt, sodass die Vervielfältigung und Verbreitung von Texten, Holzschnitten und Kupferstichen leichter, schneller und preiswerter wurde. Die neuen Erfindungen führten zum breiten Austausch von Menschen- und Weltbildern in Europa und der kolonialen Welt in Übersee.

Die erste Ausgabe der *Gutenbergbibel* in lateinischer Sprache erschien 1455. Es folgten erste Bibelübersetzungen in deutscher Sprache. Die erste *Lutherbibel* wurde 1534 in Wittenberg gedruckt. Auch philosophische und politische *Bücher* sowie Berichte über fremde Länder und *wissenschaftliche Erkenntnisse* aus verschiedenen Fachbereichen wurden zugänglich. Der Buchdruck lenkte die menschliche Neugier auf den Glauben, auf Entdeckungen und Erkenntnisse. Religiöse Veröffentlichungen überwogen in der Renaissance bei weitem.

Die *deutschsprachige Literatur* erschien in mittelalterlichen Liedersammlungen, in ersten Bibelübersetzungen, in geistlichen und humanistischen Schriften sowie in ersten gedruckten Volksbüchern. Im Jahr 1517 erschien neben Luthers Thesen auch das erste Chirurgie-Lehrbuch von dem Feldarzt Gersdorff. Der Zeugmeister Veit Wulff veröffentlichte das Buch »Von allerlei Kriegsgewehr und Geschütz« (1568), das erste deutsche Handbuch für die Landwirtschaft von Konrad Heresberg wurde 1571 veröffentlicht und der erste »Wirtschaftskalender für monatliche Arbeiten in Haus und Hof« im Jahr 1591.

Wissenschaftliche Bücher wurden noch lange in lateinischer Sprache verfasst und richteten sich an Gebildete. Sie wurden an Fürstenhöfen und in Universitäten angeboten und von wohlhabenden Bürgern gekauft, die sich beispielsweise eine gedruckte Lutherbibel für den Preis von 14 Rindern leisten konnten. Ablassbriefe, Fibeln, Katechismen und Kalender waren weit verbreitet.[*]

In philosophischen und naturwissenschaftlichen Büchern wurden Inhalte und Lehrmeinungen vertreten, die den kirchlichen oft widersprachen. Die römische Kirche verbot Schriften mit dem Anspruch auf endgültige Erkenntnisse, weil nur sie letzte Wahrheiten verkünden könne. Damit entzog sich die Kirche wissenschaftlichen Auseinandersetzungen. Der fehlende Austausch über das gemeinsame Thema der Menschen- und Weltbilder hat sowohl der geistlichen als auch der wissenschaftlichen Seite geschadet und Menschen teils in abwegige Streitereien geführt. Erst seit dem 20. Jahrhundert versuchen Theologen, Philosophen und Wissenschaftler erstmals, über ihre unterschiedlichen Annahmen und Vorstellungen vom Menschen und der Welt zu sprechen.

---

[*] Der Brockhaus, Leipzig 2005.

Auswirkungen der Renaissance auf die Menschenbilder der Gegenwart

Hier soll die Ausgangsfrage der bisherigen Ausführungen betrachtet werden, ob die christlichen und humanistischen Menschenbilder der Reformationszeit unsere gegenwärtigen Annahmen und Vorstellungen noch beeinflussen.

Auswirkungen der humanistischen Philosophie des Erasmus

Die humanistische Philosophie des Erasmus von Rotterdam ist heute teils staatstragend geworden. – Die Wertschätzung der Vernunft, der Wissenschaften, der Selbstbestimmung des Menschen und sein Streben nach Glück und Wohlstand wurden zum Wegbereiter der Aufklärung und erfuhren dort ihre Wiedergeburt. Humanistisch aufgeklärte Vorstellungen vom Menschen und der Welt prägen die Menschen heute stärker als früher durch Politik, Wissenschaft und Bildung.

Die humanistischen Geisteswissenschaften der Renaissance befassten sich mit alten Sprachen und antiker Kultur. – Der Begründer der neuzeitlichen Sprachwissenschaften, Erasmus von Rotterdam, hob den Einfluss der

Sprache auf unser Hoffen, Denken und Handeln hervor. Gegenwärtig wird die abträgliche Wirkung der verrohten Sprache in den sozialen Medien beklagt, weil die dort stattfindenden Herabwürdigungen von Menschen zu gewalttätigen Handlungen führen, die der christlichen, humanistischen und demokratischen Wertvorstellung der Menschenwürde widersprechen.

Naturwissenschaften und Technik vollzogen seit der Renaissance eine atemberaubende Entwicklung, die unser alltägliches Leben dauernd beeinflusst. – Der einsame Himmelsbeobachter wurde vom Wissenschafts- und Forschungsbetrieb an Universitäten und großen Industriebetrieben abgelöst. Auch die Technik hat sich so stark entwickelt, dass das All nicht mehr nur betrachtet, sondern im Nahbereich sogar besucht und erforscht wird. Wissenschaft und Technik beeinflussen unser Leben in allen Bereichen. Als Segnungen gelten längeres Leben, vorhandene Nahrung, erleichterte körperliche Arbeit, bequemeres Wohnen, schnelleres Reisen, umfassende Informationen aus aller Welt. Nachteilig wirken sich die selten durchdachten Folgen und die nicht gestellten Sinnfragen an alle Erneuerungen aus.

Auch das bisher erforschte Wissen wird oft als endgültige Wahrheit dargestellt, obwohl es immer nur vorläufig bis zur nächsten Richtigstellung gilt. – Bisher soll das All durch einen Urknall entstanden sein, das Leben durch biochemische Vorgänge und der Mensch durch eine Millionen Jahre umfassende Entwicklung. Diese vorläufigen Annahmen müssen geglaubt werden, weil sie von Laien nicht überprüfbar sind. Sie bestimmen weitgehend die heutigen Menschen- und Weltbilder. Die Ursachen und Zusammenhänge dieser Entwicklungen und die Menschheitsfragen, wer der Mensch ist, woher er kommt, wohin er geht und wozu er da ist, können und wollen viele Naturwissenschaftler nicht beantworten, weil sie wissenschaftlich nicht beweisbar sind.

Auswirkungen der Reformation

Das religiöse Erbe der Reformation finden Menschen weiterhin im Glauben an Jesus Christus, in seinem Gottesgehorsam und in seiner Menschenliebe. – Der evangelische Glaube hebt die *Gewissensentscheidung* jedes Christen für sein Handeln in der Welt hervor. Betont wird die *Verantwortung des Einzelnen*, wie sie im Neuen Testament gelehrt wird. Dennoch bleibe der Mensch ein Sünder, wie ihm die Gebote des Alten Testaments verdeutlichen.

Nach dem Theologen Dietrich Bonhoeffer (1906–1945) wurde der Glaube an »Jesu teuer erworbene Gottesgnade« am Kreuz zur Errettung der Menschen nicht immer in diesem Zusammenhang überliefert. – Deshalb habe sich seine Kirche an der *Verweltlichung des Glaubens* beteiligt. Sie habe anstatt der *Rechtfertigung des Sünders vor Gott* für seine Rettung zum ewigen Leben die *Vergebung der Sünden* gelehrt. Durch diese unvollständige Botschaft seien Christen nicht christlich, sondern weltlich gesinnt worden und hätten gesündigt, weil sie Jesu Verheißung nicht deutlich genug vernommen hätten.[*]

Bonhoeffer fragte: »Aber wissen wir auch, dass diese billige Gnade in höchstem Maße unbarmherzig gegen uns gewesen ist? Sie hat uns den Weg zu Christus nicht geöffnet, sondern verschlossen. Sie hat uns nicht in die Nachfolge gerufen, sondern in Ungehorsam hart gemacht.« Bonhoeffer wollte Jesu Rettungstat wieder in den biblischen Zusammenhang gestellt sehen: »Wohl denen, die in einfältiger Nachfolge Jesu Christi von dieser Gnade überwunden sind, dass sie mit demütigem Geist die allein wirksame Gnade Christi loben dürfen. Wohl denen, die in der Erkenntnis solcher Gnade in der Welt leben können, ohne sich an sie zu verlieren, denen in der Nachfolge Jesu Christi das himmlische Vaterland so gewiss geworden ist, dass sie wahrhaft frei sind für das Leben in dieser Welt.«[*]

Luther und Bonhoeffer suchten nach einem gnädigen Gott und fanden ihn im Glauben an die biblischen Glaubenswahrheiten, in der Kreuzestheologie und in der Nachfolge Jesu Christi. – Dieser das christliche Menschenbild prägende Glaube hat in der Gegenwartsgesellschaft an Bedeutung verloren. Viele Menschen vertrauen dem Wissen und machen sich selbst zum Maß aller Dinge. Für sie verliert der Glaube an den Schöpfer der Welt, des Lebens und des Menschen an Bedeutung, wie auch der Glaube an Jesu Rechtfertigung des Menschen vor Gott und der

---

[*]   Dietrich Bonhoeffer, Nachfolge, Gütersloh 2002.

Segen der Taufe, in der Gott dem Menschen seinen Geist schenkt, der ihn durch das Leben begleiten und zum verantwortlichen Handeln befähigen soll. Die Frage, wozu der Mensch da ist, hat Jesus vorgelebt. Ihm sollen Christen mit den ihnen verliehenen Fähigkeiten folgen, nämlich Gott loben, Jesu Liebesgebot üben und die Lasten des Nächsten mittragen. Diese Botschaften verkünden heute beide Kirchen und ermutigen Menschen, im Glauben demütig und barmherzig im Handeln zu sein.

Nach Luthers Bibelverständnis wirkt Gott im Reich des Himmels und der Erde. – Christen seien beiden Welten verbunden, indem sie die weltliche Ordnung als notwendig anerkennen und zugleich Gottes Wort einhalten und bezeugen. Auf diese Weise sollten die *Verkirchlichung der Welt* und die *Verweltlichung der Kirche* verhindert werden. Gottes Reich sei umfassend zu verstehen. Christen sollten bedenken, dass Gottes Wille immer geschehe, im Guten wie im Bösen.

Melanchthon entwickelte eine friedliche Kultur der Auseinandersetzungen über Glaubensfragen, die Kirchen heute befähigen, ihre frühere Ablehnung anderer Religionen zu überwinden. – Die Kirchen fragen heute, was Religionen zur friedlichen Entwicklung der Welt beitragen können. Dafür suchen sie das Gespräch mit den *Juden* und *Muslimen*. Sie sind durch *gemeinsame Werte* der Menschenwürde, der Friedfertigkeit und der Nächstenliebe verbunden, wenngleich diese von politisch eifernden *Islamisten* missachtet werden. Diese menschenfeindlichen Eiferer beziehen sich auf Tötungsaufrufe im Koran, die bisher nicht hinterfragt werden und das Töten nach ihrer Auffassung rechtfertigen.

Die Reformation beeinflusst die deutsche Gesellschaft bis heute. – Sie verlieh deutschen Fürsten Macht über evangelische Landeskirchen und führte im 20. Jahrhundert zur Trennung von Kirche und Staat. Die Reformation betonte die Menschenwürde, die Gleichheit der Menschen, die Glaubens-, Gewissens- und Bekenntnisfreiheit sowie die Mitverantwortung der Christen in der Welt. Damit bereitete sie Grundlagen für demokratische Entwicklungen.

Christliche Werte prägen Verfassungen und politische Menschenbilder: Die *amerikanische Unabhängigkeitserklärung (1776*) wurde von christlichen Wertvorstellungen der Pilgerväter beeinflusst. – *Friedrich der Große* verfügte in dem »Allgemeinen Preußischen Landrecht« die innerkirchliche *Glaubensfreiheit.* – Die *Französische Revolution* (1889) prägte das Menschenbild der »Freiheit, Gleichheit und Brüderlichkeit«, das christlichen Wertvorstellungen ähnelt. – Das deutsche *Grundgesetz* ist nach demokratischen Vorbildern verfasst. Es wird um neue Erfordernisse fortgeschrieben, die eine Politik in einer rechtsstaatlichen, freiheitlichen und toleranten Gesellschaft gewährleistet, in der alle Bürger die mehrheitlich verabschiedeten Gesetze achten.

Die Reformation wirkte in Deutschland wie eine gesellschaftliche Revolution, die alle Lebensbereiche erfasste und Menschenbilder bis heute beeinflusst. – Das zeigt sich an der damals geforderten Bildung für alle Kinder und Jugendlichen, die in Deutschland erst im 19. Jahrhundert verwirklicht werden konnte. Um die Gleichberechtigung von Mann und Frau wird bis heute gerungen. Luthers Auffassung, den Beruf als Berufung und Dank für Gottes Gnade zu verstehen, gilt heute nur bedingt; viele Menschen leiden unter hohem Leistungsdruck im modernen Arbeitsleben. Dennoch folgen sie weiter ihrem Gewissen, indem sie Menschen in Not helfen, indem sie Mitleid und Hilfsbereitschaft gegenüber Hungernden, Kriegsflüchtlingen und Benachteiligten in Entwicklungsländern zeigen. Dieses Verhalten wird sowohl auf christlich-humanistische Einflüsse als auch auf mitmenschliches Verhalten zurückgeführt.

Auswirkungen auf die deutsche Literatur

Die Reformation beeinflusste die Menschenbilder auch durch die Literatur. – Die Landessprachen und Landesliteratur prägen die Menschenbilder seit jeher. Luther legte mit seiner Bibelübersetzung den Grund für die deutsche Literatur. Bis heute benutzen wir seine Redewendungen und geflügelten Worte. Aus seiner literarischen Arbeit ging das deutschsprachige *Kirchenlied* hervor. Die Reformation beeinflusste auch die Malerei und die Musik durch Jahrhunderte.

Die deutsche Renaissanceliteratur befasste sich auch mit historischen Stoffen, wie dem Leben des Dr. Johannes Faust

(1480–1536) und des Jedermanns. – Das *Volksbuch vom Leben des Dr. Faust* beschreibt einen Renaissancemenschen, der sich aus mittelalterlicher Glaubensdemut zum humanistischen Selbstbewusstsein entwickelt. Die Deutung, dass er dadurch überheblich wird, führen Literaturwissenschaftler auf den Einfluss der Reformation zurück. *Goethe* übernahm in seiner Faustfassung wesentliche Inhalte des Volksbuches und formte sein Trauerspiel zu einem *Menschheitsdrama,* in dem Wissen, Lust und Glauben miteinander ringen. Erlösung findet Faust erst im Handeln. Am Ende freuen sich die Engel über seine gerettete Seele: »Wer immer strebend sich bemüht, den können wir erlösen.« Dieser Engelgesang wurde nach der Bildung der deutschen Nation (1871) zum *Wahlspruch* der Deutschen überhöht und politisch missbraucht. – *Thomas Mann* deutete den Fauststoff in seinem Roman, *Dr. Faustus,* neu. Die Schriftstellerin *Thea Dorn* veröffentlichte 2017 ihren gleichnamigen Roman, der in der gegenwärtigen globalisierten Welt spielt.[*]

Im Mysterienspiel Jedermann geht es um das Seelenheil eines reichen Mannes. Er lässt sich von Geld, Macht und Lust bis zu seiner Todesstunde verführen. Die beiden ältesten Fassungen des Mysterienspiels stammen aus den Niederlanden (1495) und aus England (1509). *Hans Sachs* bearbeitete den Stoff in seiner »Comedi von dem reichen sterbenden Menschen« (1560). Anfang des 20. Jahrhunderts überarbeitete *Hugo von Hoffmannsthal* das Mysterienspiel neu. Die Bühnenstücke, *Faust* und *Jeder-*

---

[*]   Wolfgang von Goethe, Faust, Harenberg, München 1982.

mann, zählen zur europäischen Literatur. Sie berühren die Menschen mit ihren Lebenswahrheiten bis heute.[*]

Die Literatur beantwortet die eingangs gestellten Menschheitsfragen unterschiedlich. – Ihre Einflüsse und Tragfähigkeiten lassen sich nicht zusammenfassend darstellen. Literaten beschreiben oft zeitgebundene Menschenbilder als Spiegel gesellschaftlicher Verhältnisse. Andere entwickeln Zukunftsbilder der Menschheit. Einige nehmen die alten Menschheitsfragen in ihren Werken auf und gehen auf letzte Fragen unseres Daseins ein.

Maler und Komponisten bezeugen seit der Reformation mit ihren Werken ihren Glauben. – Dafür lassen sich viele Beispiele von *Grünewald* bis *Nolde* und von *Praetorius* bis *Mahler* anführen.

Auswirkungen der Politik

*Die politischen Menschenbilder in Deutschland wechselten in der Renaissance vom Europapatriotismus deutscher Kaiser zum Landespatriotismus der Fü*rsten. – Der *europäische Staatsgedanke* wurde durch die katholische Glaubenseinheit gestärkt und durch die Reformation geschwächt. Anfang des 19. Jahrhunderts schaffte *Napoleons Nationalismus* diesen Einheitsgedanken vorübergehend ab. – Deutschland blieb nach Auffassung des Historikers

---

[*] Fricke/Klotz, Geschichte der deutschen Dichtung, Hamburg 1964.

Otto Dann auch nach der *Reichsgründung* (1871) »bis an ihr Ende eine *sozial und politisch gespaltene Nation.*« Das habe sich nach dem Ersten Weltkrieg vor allem am Einfluss der großbürgerlichen Führungsschicht gezeigt, die mit ihrer Forderung, die Kriegslasten zu mindern, den *Nationalsozialismus* in Deutschland ermöglicht habe.[*]

Nach dem Zweiten Weltkrieg konnte Deutschland nicht an seine unmittelbare Vergangenheit anknüpfen. – In *Westdeutschland* führten die Siegermächte eine *liberale* und in *Mitteldeutschland* eine *sozialistische Demokratie* ein. Die westdeutsche Regierung suchte ihre Zukunft in der europäischen Staatengemeinschaft. Seit der *deutschen Wiedervereinigung* im Jahr 1989 beeinflussen die *Werte des Grundgesetzes* die politischen Menschenbilder in ganz Deutschland. Seither strebt die gesellschaftspolitische Kultur nach Menschenwürde, Freiheit, Gerechtigkeit, Gleichheit, Toleranz, Selbst- und Mitbestimmung.

Nach der deutschen Wiedervereinigung fürchteten einige Nachbarstaaten ein wieder erstarkendes Deutschland. Die Bundesrepublik übernahm nach *Dann* die Aufgabe, ihre »bisherige Rolle in europäischen und internationalen Bündnissen fortzuführen, den modernen Typ des kooperativen und integrativen Nationalstaats entwickeln zu helfen.«[*]

Als Gründungsmitglied der *Europäischen Wirtschaftsgemeinschaft* fördert Deutschland nach wie vor den eu-

---

[*] Otto Dann, Nation und Nationalismus in Deutschland, München 1996.

ropäischen Zusammenhalt. Im Jahr 1990 führte Bundeskanzler *Kohl* den *Euro als Gemeinschaftsw*ährung ein, um die Entwicklung der *Europäischen Union* zu beschleunigen. Deutschland beteiligt sich an der *Rettung* überschuldeter *Länder und Banken* gegen geltende europäische Gesetze, nach denen jeder Staat für seinen Haushalt selbst verantwortlich ist. Der *Europäische Gerichtshof* erlaubte der *Europäischen Zentralbank* ihre unbegrenzte Rettungspolitik für hochverschuldete Länder. Darin sieht der Wirtschaftswissenschaftler *Sinn* die *Vergemeinschaftung europäischer Staatsschulden* zum Nachteil der Bürger in den Haftungsstaaten. Im Jahr 2015 nahm Deutschland *eine Million Flüchtlinge und Zuwanderer* unkontrolliert aus dem Nahen und Mittleren Osten sowie aus Afrika auf. Diese Entscheidung der Kanzlerin entsprach nicht der seit der Renaissance geltenden *Staatsräson,* nach der sie für die innere und äußere Sicherheit im Staat verantwortlich ist. Zugewanderte Terroristen verüben in Deutschland und Europa Morde, um die Demokratien abzuschaffen und islamische Gottesstaaten einzuführen.[*]

Die Europakrise wird als eine Demokratiekrise der europäischen Einrichtungen betrachtet. Der Europarat, die Kommission und das Europäische Parlament müssen demokratisch gestärkt werden. – Die deutsche und französische Regierung beabsichtigen eine demokratische *Weiterentwicklung der Gemeinschaft,* weil sie seit 60 Jahren Frieden, Freiheit und Wohlstand sichert. Diese Verdienste

---

[*] Hans-Werner Sinn, Der schwarze Juni, Herder-Verlag 2016.

können nach den vielen Jahrhunderten europäischer Kriege nicht hoch genug wertgeschätzt werden. Die *Friedenssicherung* wird allgemein als eine europapolitische Daueraufgabe anerkannt.

Eine Aufgabenteilung zwischen der Gemeinschaft und den Ländern soll die Union handlungsfähiger machen, damit die großen Probleme gelöst werden, wie die Länderfinanzkrise, die fortgesetzten Zuwanderungen und die Sicherung der europäischen Außengrenzen. Vorgeschlagen werden auch selbstgewählte Beteiligungen der Länder an Vorhaben zur Weiterentwicklung Europas.

Die weitere Demokratisierung der Europäischen Union kann im Zeitalter der Postdemokratie schwierig werden, weil diese sich gegen das bisherige Demokratieverständnis richtet. – Nach dem Politikwissenschaftler *Colin Crouch* bedrohen *Postdemokratien die* politischen Menschenbilder. Diese Scheindemokratie entmündige Bürger und treibe Politik ohne ihre Mitwirkung. Nach Crouch entwickeln sich Postdemokratien in *England* und den *USA*. Politiker verbreiten *postfaktische Wahrheiten* und untergraben damit die für Demokratien wichtige *politische Glaubwürdigkeit*, sodass die Bürger nicht mehr die Probleme durchschauen und nicht mehr »wissen, auf welcher ‚Seite' sie eigentlich stehen.« Nach Crouch hebeln Postdemokratien die bisherigen Demokratien aus, wie auch die sie tragenden Werte der Gleichheit und Teilhabe der Bürger an politischen

Entscheidungen, die das demokratische Menschenbild tragen.[*]

Die europäische Staatengemeinschaft steht wie viele demokratische Länder vor der Herausforderung, die Staatsräson und die Menschenrechte angesichts globaler Flucht- und Zuwanderungsbewegungen gesetzlich zu ordnen. An dieser Aufgabe droht Europa zu zerbrechen, weil ein grenzoffener Kontinent mit hohen Sozialangboten wie in Deutschlandein dauernder Zufluchtsort sein wird. Inzwischen sucht Europa, durch Hilfsmaßnahmen in den Herkunfts- und Durchgangsländern den Fluchtursachen zu begegnen, aber ein europäisches Einwanderungs- und Sozialhilfegesetz für Zuwanderer gibt es bis heute nicht. Selbst Deutschland als Haupteinwanderungsland kann sich politisch nicht zu einer legalen Einwanderungsregelung durchringen.

Der Hauptgrund für die Vernachlässigung der Staatsräson mag das moralische Schuldempfinden des deutschen Nachfolgestaates Hitler-Deutschlands sein. Die historische Schuld des Völkermordes an den Juden lässt sich aber nicht mit einer unbegrenzten Asylgewährung auslöschen. In *Rechtsstaaten* beruht die Staatsräson auf Menschenrechten. Sie schützt alle Menschen nach Recht und Gesetz und die Landesgrenzen vor unberechtigten Eindringlingen.

---

[*] Colin Crouch, Postdemokratie, Frankfurt am Main 2008.

Auswirkungen der christlich-humanistischen Bildung

*D*ie *christlich-humanistische Bildung verfolgte in der Renaissance zwei Ziele: aus religiöser Sicht die Glaubenserziehung an den Schöpfergott, der Menschen zur Weisheit führe, und aus humanistischer Sicht den Glauben an die Erziehung, die besagte, dass der Mensch nicht geboren, sondern erzogen werde.* – Aus diesen beiden Ansätzen entwickelte *Melanchthon* den *deutschen Sonderweg der christlich-humanistischen Bildung.* Im Laufe der Neuzeit entwickelte sich diese Bildungsauffassung weiter. Heute wird die Bildung als eine *Entwicklung der geistigen, seelischen, kulturellen und sozialen Fähigkeiten von Kindern und Jugendlichen* verstanden, die in der Familie beginnt und sich im Kindergarten, in der Schule sowie im beruflichen und privaten Leben fortsetzt.

Die Humanisten und Reformatoren forderten die Ausbildung in alten Sprachen, um die Quellen der Antike und die Urtexte der Bibel studieren zu können. – Die Reformation verlangte außerdem die *Lesefähigkeit* der Menschen, damit sie sich in der Bibel selbst über den Glauben vergewissern konnten, und eine christliche Erziehung. Kaiser, Landes- und Kirchenfürsten sowie die Städte legten Wert auf eine Schulbildung zur Vorbereitung junger Menschen auf die Studien der Rechte, der Theologie und Medizin. Auch Kaufleute und Handwerker benötigten mehr Bildung. Diese war und blieb eine Länderaufgabe, die heute angesichts unserer mobilen Gesellschaft und wegen vergleichbarer Bildungsanforderungen und -abschlüsse dem Bund übertragen werden sollte.

Heute prägt eine wissenschaftlich ausgerichtete Bildung die Erziehung und den Unterricht, wie die Ziele der Toleranz, Menschenwürde, Demokratie, Friedfertigkeit, Vernunft und wissenschaftlich ausgerichtete Anforderungen belegen. – Die alten Sprachen werden noch an altsprachlichen Zweigen der Gymnasien gelehrt. Die *Lehrerausbildung* wurde aufgewertet und findet an Universitäten statt. Auch die Lehrerfortbildung blieb eine Länderaufgabe.

Einige Lehrkräfte setzen heute teils unwissend neben der wissenschaftlich ausgerichteten Bildung auch Melanchthons christlich-humanistische Erziehung um. Das geschieht, wenn sie seelische Bedürfnisse der Schüler beachten, wenn sie den Unterricht anregend gestalten und die Schüler zur Eigentätigkeit anleiten, wenn sie in Sachfächern auf die Vorläufigkeit wissenschaftlicher Erkenntnisse hinweisen, wenn sie Schüler an unterschiedliche Menschen- und Weltbilder sowie an Widersprüche des Lebens heranführen, wenn sie Glauben und Vernunft als Gaben achten, wenn sie Sprachen für wichtig für das Hoffen, Denken und Handeln der Schüler halten und sich für einen achtsamen Umgang einsetzen, wenn sie die Unvollkommenheit, Überheblichkeit und Fortschrittsgläubigkeit der Menschen verdeutlichen und wenn sie möglichst umfassende Menschen- und Weltbilder im Unterricht anstreben und den Schülern nicht nur Teilansichten einzelner Unterrichtsfächer anbieten, sondern ihnen in fächerübergreifenden Vorhaben und thematisch abgestimmten Unterrichtseinheiten umfassende Vorstellungen vom Menschen und der Welt vermitteln. Solche Bildungsziele können zu einem ganzheitlichen Menschen- und Weltbild beitragen.

Erasmus, Luther und Melanchthon strebten eine Allgemeinbildung für alle Kinder und Jugendlichen an. – Aber erst im Verlauf des 18. Jahrhunderts setzte sich in Deutschland die *allgemeine Schulpflicht* durch. Im Jahr 1919 wurde ein *verbindliches Schulsystem* eingeführt, das den unterschiedlichen Begabungen gerecht werden sollte. Seit der Bildungsreform (1970) gilt die demokratische Forderung nach *gleichen Bildungschancen* für alle. Die politisch umstrittenen *Gesamtschulen* wurden in *Gemeinschaftsschulen* umbenannt.

Die Aufgaben aller Schulen bestehen weiterhin in Erziehung und Unterricht. – In der *Erziehung* werden *Wertvorstellungen* für das Zusammenleben in der Schule und in unserer demokratischen Gesellschaft vermittelt. Im *Unterricht* sollen alle Fähigkeiten der Kinder und Jugendlichen in den Schulfächern geübt werden. Die Anforderungen, Inhalte, Unterrichtsformen und Arbeitsmittel haben sich im Laufe der Zeit geändert. Nach wie vor bereiten Schulen die Schüler auf das eigene, das berufliche und das gesellschaftspolitische Leben vor, soweit sich das während der schnell wechselnden Entwicklungen verwirklichen lässt.

Diese Erziehungs- und Unterrichtsaufgaben werden heute angesichts der 400.000 Kinder und Jugendlichen aus islamischen Ländern stark erschwert. – Ihnen werden im Unterricht neben der deutschen Sprache auch das Lesen, Schreiben, Fach- und Methodenkenntnisse sowie die demokratischen Werte der Freiheit, Gleichheit und Würde aller Menschen, die Einsicht in Rechte und Pflichten in der Demokratie vermittelt. Diese Werte werden in vielen zugewanderten Familien kaum vorgelebt und sind teilweise auch einheimischen Kindern fremd. Neben der *Integrationsarbeit* werden von den Schulen die *Inklusion* behinderter Schüler und die *Vorbereitung* auf weiterführende Schulen erwartet. Einige Eltern befürchten, dass die Aufgabenhäufung die Lehrkräfte überfordert und ihre eigenen Kinder benachteiligt. Wer es sich leisten kann, schickt sein Kind auf *Privatschulen*, die gegenwärtig selbst auf dem Lande in aufgegebenen Dorfschulen eingerichtet werden. Diese Entwicklung trägt nicht zum politisch angestrebten Menschenbild der Gleichheit bei.

An der heutigen anspruchsvollen Bildung können zugewanderte Kinder und Jugendliche erst voll teilnehmen, wenn sie die deutsche Sprache beherrschen. Die Testvergleiche des Münchner *Ifo-Instituts* ergaben, dass die Unterrichtsleistungen syrischer Achtklässler gegenüber deutschen Schülern wegen fehlender Sprachkenntnisse sowie Lese- und Schreibfertigkeiten um fünf Klassenstufen zurückliegen. Unter diesen Verhältnissen droht die Vermittlung der Menschen- und Weltbilder in den Hintergrund der pädagogischen Schularbeit zu rücken.

Werte und tragfähige Menschenbilder

Wertvorstellungen aus Religion, Philosophie, Wissenschaften, Politik und Pädagogik werden hier als Grundlagen für tragfähige Menschenbilder betrachtet. – Die Werte aus den genannten Bereichen meinen aber trotz gleicher Bezeichnungen inhaltlich nicht das Gleiche und prägen deshalb unterschiedliche Menschenbilder.

Christliche Wertvorstellungen und tragfähige Menschenbilder

Zu den christlichen Wertvorstellungen der Bibel gehören Menschenwürde, Freiheit, Gleichheit, Gerechtigkeit, Liebe, Barmherzigkeit, Friedfertigkeit und die Ethik der Gebote. – Diese Werte erweist Gott den Menschen und erwartet sie auch von ihnen gegenüber ihren Mitmenschen. Der christliche Glaube beantwortet die Menschheitsfragen, wer der Mensch ist, woher er kommt, wohin er geht und wozu er da ist. Demnach sind alle Menschen Kinder Gottes, er ruft sie ins Leben und nimmt sie am Ende wieder auf. Gläubige sollen ihre Sünden bekennen und bereuen, Demut zeigen, Gott für seine Gnade danken und Jesu vorgelebte Liebe und Barmherzigkeit an ihrem Nächsten üben.

Im Glaubensbekenntnis erkennen Christen den dreieinigen

Gott an, nämlich den Schöpfer des Himmels und der Erde, seinen Sohn Jesus Christus, der Gläubige von ihren Sünden erlöst und ihnen das ewige Leben versprochen hat. Sein Heiliger Geist wird Christen im Evangelium, in der Taufe und im Abendmahl zuteil. – Dieser Glaube ist nach *Paulus* eine Gabe Gottes, die Menschen selig macht, Freude und zuversichtliches Handeln bewirkt sowie inneren Frieden verbreitet und die Überwindung der Welt ermöglicht.

Die Würde des Menschen wird in seiner Gottebenbildlichkeit gesehen sowie im Auftrag, fruchtbar zu sein, sich die Erde untertan zu machen und das Leben zu erhalten sowie in seiner Freiheit, sich für das Gute oder Böse zu entscheiden. – Gläubige werden aus ihren Sünden durch *Gottes Gnade* zum ewigen Leben erlöst.

Heutige Theologen setzen die protestantische Tradition fort, religiöse Zeitfragen zu stellen und zu beantworten. – Als bekannte Frager und Mahner seien hier stellvertretend die Theologen *Dietrich Bonhoeffer* und *Paul Tillich* angeführt. Der evangelische Theologe und Widerstandskämpfer Bonhoeffer wurde 1945 im KZ Flossenbürg hingerichtet. Er beklagte die *Verweltlichung seiner Kirche.* Sie habe dazu beigetragen, dass den Menschen die Heilsbotschaft vom Kreuz nicht immer deutlich verkündet worden sei. Jesus habe am Kreuz einem gläubigen Sünder das ewige Leben versprochen und ihm nicht nur die Sünden vergeben. Diese Botschaft könne auch heutige Menschen ermutigen, für ihr sündhaftes Handeln Buße zu üben, um Vergebung zu bitten und im zuversichtlichen Glauben verantwortlich in der Welt zu handeln.[*]

Der evangelische Theologe Paul Tillich (1886–1965) fragt, was den *Glaubenszweiflern* mitgeteilt werden kann. Nach seinem Verständnis *suchen diese Menschen nach dem letzten tragenden Grund ihres Lebens, wie der zweifelnde Thomas.* Er konnte Jesu Auferstehung nicht glauben, bevor nicht seine Finger Christi Wunden berührt hatten. Jesus verurteilte den Jünger und seinen Zweifel nicht. Deshalb spricht Tillich von der »Rechtfertigung des Zweiflers vor Gott«.[**]

In der Bibel finden die Menschheitsfragen nach Krieg und Frieden eine hoffnungsvolle Antwort. – Im Alten Testament spricht Mose vom »heiligen Krieg«, in dem Gott den Israeliten hilft, das verheißene Land zu erobern. Unter der Regierung Salomons wenden sich die Propheten *Elia* und *Elisa* gegen die Einführung ägyptischer Kriegstechnik. Auch Jesaja warnt seinen König im Vertrauen auf Gott: »Glaubt ihr nicht, so bleibt ihr nicht.« Nach seiner Prophezeiung werden eines Tages die Völker der Erde zum Berg Zion wallfahren, um Gottes Wahrheit zu hören. Dann werden Menschen Schwerter zu Pflugscharen schmieden und kein Volk mehr das Schwert führen. Andere Propheten prangerten die Verelendung des israelischen Volkes als Folge des Reichtums der Oberschicht an und forderten einen Ausgleich zwischen Armen und Reichen.[***]

---

[*]   Dietrich Bonhoeffer, Nachfolge, Gütersloh 2002.
[**] Paul Tillich, Von der Freiheit, ein Mensch zu sein, Freiburg 1981.
[***] Die Bibel, nach der Übersetzung Martin Luthers, Stuttgart 1984.

Im Neuen Testament nennt Jesus in seiner Bergpredigt die Friedfertigen Gottes Kinder, deren Liebe und Verständnis auch die Feinde einschließen soll. – So wie Gott sich als barmherzig erweise, solle der Mensch auch handeln. Jesus hinterließ den Gläubigen seinen Frieden, einen Seelenfrieden im Glauben, den die Welt nicht geben könne. Er warnt vor dem Schätzesammeln auf Erden: »denn wo euer Schatz ist, da wird auch euer Herz sein«. In seinen Gleichnissen spricht er Arme und Reiche an. Der reiche Jüngling befolgte alle Gesetze und hielt sich deshalb für sündenfrei. Er konnte sich aber nicht von seiner Habe trennen und musste seine Sündhaftigkeit erkennen. Im Gleichnis vom reichen Mann und dem armen Lazarus kann der Reiche nicht bußfertig werden und Lazarus als Bruder annehmen. Jesus veranlasst die Menschen mit seinen Gleichnissen, sich selbst zu fragen: Wer bin ich angesichts der aufziehenden Herrschaft Gottes? Er verstärkt die Suche nach dem christlichen Menschenbild mit der Frage: »Was hülfe es dem Menschen, wenn er die ganze Welt gewönne und nähme doch Schaden an seiner Seele?«*

Das christliche Menschenbild ist als Gegenentwurf zum weltlichen zu verstehen. – Christen arbeiten an der Verwirklichung ihres Auftrages, wenn sie sich für Hilfsbedürftige einsetzen sowie für Frieden, Gerechtigkeit und Bewahrung der Schöpfung, wenn sie Kriege, Umweltzerstörungen und wirtschaftliche Ausbeutung ablehnen. Beide Kirchen betreiben wirksame Entwicklungshilfe

---

* Die Bibel, nach der Übersetzung Martin Luthers, Stuttgart 1984.

vor Ort. Inzwischen überlegen auch Politiker, wie die Flucht aus armen Ländern begrenzt werden kann und ob Fluchtursachen durch Befriedung und gerechte Handelsverträge eingedämmt werden können.

Humanistische Wertvorstellungen und ihre Menschenbilder

Seit der Renaissance setzt die humanistische Philosophie ihr Vertrauen in die Vernunft und Selbstbestimmung des Menschen sowie in die Wissenschaften. – Der Glaube an die menschlichen Fähigkeiten und den wissenschaftlichen Fortschritt beeinflusst die Menschenbilder heute stärker als vor fünfhundert Jahren. Die Hinwendung zur Welt und zur Vernunft fördert die Wissenschaften. Obwohl ihre Erkenntnisse meistens nur vorläufig gelten und laufend fortgeschrieben werden, beeinträchtigen sie den neuzeitlichen Glauben an die begrenzte menschliche Vernunft kaum. Mit ihrer Hilfe werden Arbeitserleichterungen, Lebensverlängerungen und Wirtschaftserfolge erreicht. Die vermeintlich unabhängige Sicht der Wissenschaft auf die Welt und ihr Dienst an der Menschheit wird auch von wirtschaftlichen Absichten geleitet.

Zu den humanistischen Wertvorstellungen zählen Toleranz, die Achtung der Menschenwürde und Menschenrechte, Selbstbestimmung des Menschen und die Vorrangstellung der menschlichen Vernunft. – Diese humanistischen

Werte sind in Demokratien inzwischen staatstragend geworden. Sie sind zwar größtenteils von christlichen Wertvorstellungen abgeleitet, aber nicht gleichbedeutend. So wird beispielsweise die humanistische Würde des Menschen aus seiner Vernunft und seinem Recht auf Selbstbestimmung abgeleitet.

Die humanistische Philosophie trennte Glauben und Vernunft zum Nachteil ganzheitlicher Menschenbilder. – Die verloren gegangene ganzheitliche Sicht auf den Menschen führte zu fragwürdigen Ansätzen in der Medizin und in der Bildung. Seither schwindet das Verständnis für das Zusammenwirken von Geist, Körper und Seele. Die Schulbildung wurde weitgehend auf weltliches Wissen verengt und führt in fachlich zerstückelten Unterrichtsstunden zur Zerstörung von Zusammenhängen. Humanisten strebten eine staatliche Bildung der Vernunft an. Dieses bildungspolitische Ziel wurde im Zeitalter der *Aufklärung* erneut aufgenommen und in den folgenden Jahrhunderten verwirklicht, wie heute an den einseitig ausgerichteten Lehrplänen der Schulen deutlich wird.

Die Tragfähigkeiten humanistischer Werte werden aus religiösen und philosophischen Gründen angezweifelt. – Der Humanismus beantworte nicht die Fragen des Menschen über seine Herkunft, Zukunft und Daseinsaufgaben, weil er selbst nicht über sich hinaus denke. Der britische Philosoph *John Gray* wirft dem Humanismus seinen Fortschrittsglauben und seine Gleichmacherei im Denken vor, die im Kommunismus gescheitert sei. Im Christentum sei der Daseinssinn den Menschen von

Gott vorgegeben. Da der Mensch seinen Lebenssinn als Gottes Geschöpf nicht selbst bestimmen könne, solle er demütig bleiben. Der Humanismus biete dem Menschen keinen Trost. Er erkläre die Welt zu seiner endgültigen Heimat. Gray betrachtet den Humanismus als einen Aberglauben, der für das menschliche Seelenheil nicht tragfähig sei.[*]

Politische Wertvorstellungen und die Menschenbilder

Neuzeitliche politische Wertvorstellungen sind unbeständig. Sie veränderten sich durch Auseinandersetzungen zwischen Staat und Volk über Gerechtigkeit, Freiheit und Machtansprüche. – In der Renaissance löste Machiavelli die Politik von ethischen Grundsätzen. Er empfahl, die Bürger den Staatsinteressen unterzuordnen, und erklärte die *Staatsräson* zum inneren und äußeren Schutz des Staates. Sie wird so auch in den meisten Ländern der Welt heute angewandt, mit Ausnahme Europas. Sozialwissenschaftler fordern, Politik und die Wirtschaft an die ethischen Werte der Menschenrechte zu binden. Ob das gelingt, wird angesichts der Macht- und Geldgier des Menschen bezweifelt.

Der europäische Staatsgedanke vom Heiligen Römischen

---

[*] Aussagen aus dem Spiegel-Gespräch mit John Gray vom 1.3.2010.

Reich beeinflusste die politischen Menschenbilder in Deutschland durch viele Jahrhunderte. – Kaiser Karl V. strebte die Wiederherstellung des Reiches von Karl dem Großen an, aber die *Landesfürsten* lehnten das Vorhaben ab. Sie erlangten durch die *Reformation* zusätzliche Macht, die gegen den Papst, den Kaiser und den Reichsgedanken gerichtet war. Historiker behaupten, die Reformation habe die Gründung der deutschen Nation um drei Jahrhunderte hinausgeschoben.

Napoleon wechselte den europäischen Reichsgedanken gegen den Nationalgedanken aus und beendete 1806 das Heilige Römische Reich. – Seither beeinflussen andere Vorstellungen die politischen Menschen- und Weltbilder: Österreich entwickelte die Vorstellung eines *großdeutschen Reiches*, *Bismarck* gründete nach dem *Deutsch-Französischen Krieg* (1871) den ersten *deutschen Nationalstaat* ohne Österreich. Nach dem *Ersten Weltkrieg* und der *Weimarer Republik* führte *Hitler* das deutsche Volk in den *Nationalsozialismus*. Er verkehrte den Reichsgedanken in eine *nationalistische und rassistische Großraumpolitik*.

Nach dem verlorenen Zweiten Weltkrieg, der Teilung und Wiedervereinigung Deutschlands änderten sich das deutsche Nationalverständnis, das Verhältnis zu den Nachbarländern und damit auch die politischen Menschen- und Weltbilder: Die Siegermächte führten in Westdeutschland eine liberale und in Mitteldeutschland eine sozialistische Demokratie ein. Westdeutschland wurde zuerst Gründungsmitglied der *Europäischen Wirtschaftsgemeinschaft* und als wiedervereinigtes Deutschland Teil der *Europäischen Union*, die Bundeskanzler Kohl durch die Einführung der *Gemeinschaftswährung* voranzutreiben suchte.

Der Europagedanke veranlasste 28 Staaten, dieser Friedens- und Wohlstandsgemeinschaft beizutreten. – Seit in Europa Krisen zu bewältigen sind, wachsen nationale Gegenbewegungen. Während *Befürworter der euro*päischen Einheit die politische Stärke eines vereinten Kontinents in einer globalisierten Wirtschaftswelt betonen, begründen die *Gegner der Union* ihre Ablehnung wegen der ungelösten *Europakrise, Länderfinanzkrise, Ukrainekrise und Flüchtlingskrise.* Sie erkennen nicht die erforderliche Solidarität der europäischen Staaten für ihren Bestand, sie befürchten finanzielle Nachteile und eine muslimische Überfremdung. Sie befürworten eine selbstverantwortliche nationale Landespolitik.

Eine fehlende Verfassung für die angestrebte Europäische Union führt wiederholt zu Rechtsunsicherheiten, die vom Bundesverfassungsgericht und von dem Europäischen Gerichtshof behoben werden. – Zum 60-jährigen Jubiläum der *Römischen Verträge* zeigt das *Weißbuch der Kommission für die Entwicklung Europas* zwei Wege in die Zukunft auf: ein *Europa der* unterschiedlichen Geschwindigkeiten, in dem einige Staaten die Entwicklung in einzelnen Bereichen vorantreiben, oder ein *Europa, das bestimmte Zuständigkeiten an die Mitgliedstaaten zurückgibt*, damit die Gemeinschaft die großen Krisen lösen kann. Diese seit 2001 ausstehende Entscheidung wurde bisher nicht getroffen.

Die deutsche und französische Regierung glauben an die politische Tragfähigkeit der Europäischen Union. – Sie streben gemeinsam Reformen in der Staatengemeinschaft an, damit sie handlungsfähiger wird. Die Mittelmeerländer wünschen ein europäisches Finanzministerium, um durch eine Schuldengemeinschaft ihre *Finanzkrisen* zu überwinden. Die Geberländer fordern, dass die Länder zuerst ihre eigenen Wirtschafts- und Sozialreformen durchführen, damit die Schuldenübernahme finanzierbar wird. *England* hat wegen der offenen europäischen Grenzen, wegen der Zuwanderungen und der beabsichtigten Schuldengemeinschaft den *Austritt aus der Union* beschlossen. Es forderte lange vergeblich, die *Europäische Wirtschaftsgemeinschaft* beizubehalten und die Länder nicht mit einem europäischen Gesamtstaat zu überfordern.

Demokratien werden untergraben, wenn sie nicht postdemokratische Entwicklungen sowie die Gewalt von rechten, linken und islamistischen Gruppen abwehren. – Nach Crouch schließen Postdemokraten Bürger von der Mitgestaltung ihrer Lebensverhältnisse weitgehend aus und gestalten ihre Politik hinter verschlossenen Türen. Sie fordern Sozialabbau, Privatisierung und die freie Entwicklung der Märkte. Mit diesen Vorstellungen hebeln sie Demokratien und die politische Teilhabe der Bürger aus, und damit auch die Wertvorstellungen, auf die sich demokratische Menschenbilder beziehen. Auch die genannten feindseligen Gruppierungen müssen lernen, dass nur der Staat zum

Schutz der Bürger und der freiheitlichen Rechtsordnung Gewalt anwenden darf.*

»Staat und Politik müssen ihre Steuerungskraft zurückgewinnen. Das können sie nur, wenn sie den Bürgern neue Teilhabemöglichkeiten eröffnen« – erklärt der Sozialethiker *Wilhelms.* Die Wirtschaft müsse vom Volk gewählte Regierungen anerkennen. Sie habe den Menschen zu dienen und die Folgen ihres Handelns zu verantworten. Sie selbst sei keine Ordnungsmacht, obwohl ihr das teils von neoliberalen Politikern zugestanden werde. In demokratisch verfassten Rechtsstaaten sollten Politik und Wirtschaft an die Menschenrechte gebunden werden. Die Bürger sind zur Mitgestaltung ihrer Lebensverhältnisse berechtigt, das kennzeichne das demokratische Menschenbild. Seine Tragfähigkeit kann durch eine glaubwürdige Politik und durch eine aufmerksame Gesellschaft abgesichert werden.**

Bildungspolitische Wertvorstellungen und die Menschenbilder

Familien und Schulen sind seit jeher entscheidend an Erziehung und Bildung junger Menschen beteiligt. Sie vermitteln unterschiedliche Wertvorstellungen, die hier auf ihre Tragfähigkeiten betrachtet werden. – In der Renaissance bestanden Familien in Nord- und Westeuropa vor allem

---

* Colin Crouch, Postdemokratie, Frankfurt am Main 2008.
** Günter Wilhelms, Christliche Sozialethik, Paderborn 2010.

aus blutsverwandten Kernfamilien mit vielen Kindern. Die Kirchen förderten die lebenslange Ehe als Verantwortungs- und Versorgungsgemeinschaft für schutzbedürftige Kinder und unversorgte Eltern. Die Erziehung in den Familien geschah hauptsächlich im täglichen Leben durch Arbeit, vorgegebene Sitten und Bräuche sowie durch die Ordnungen, die Kirchen und die ständische Gesellschaft vorgaben.

Die Familie wird heute als Grundlage des Staates durch Gesetze geschützt. – Sie ist als gemeinsamer Hausstand von Erwachsenen und Kindern bestimmt. Die Familienformen sind vielfältiger geworden, aber die Hauptform besteht weiter aus blutsverwandten Kernfamilien. Daneben gibt es gleichberechtigte Patchwork-Familien, alleinerziehende Mütter und Väter mit ihren Kindern sowie gleichgeschlechtliche Paare mit Kindern.

Trotz äußerer Veränderungen ist die Familie der wichtigste Erziehungs- und Schutzraum für Kinder geblieben. – Die sozialen und wirtschaftlichen Verhältnisse in Familien beeinflussen die Einstellungen von Kindern und Jugendlichen und damit ihre Menschen- und Weltbilder. Die Familie kann dem Kind vor allem die erforderliche seelische Geborgenheit geben. Kinder sind unterschiedlichsten familiären Erziehungsformen ausgesetzt, auf die der Staat und die Gesellschaft bisher nur bedingt Einfluss hatten.

Die heutige Familienpolitik stützt Familien mit Kindergeld, Steuererleichterungen und Betreuungsangeboten in

Kindertagesstätten und Kindergärten, in Schulen und Ausbildung. – Damit nimmt der Staat Einfluss auf die Erziehung. Er berücksichtigt einerseits die Wünsche der Eltern nach Betreuung ihrer Kinder und andererseits die Wünsche der Wirtschaft nach abkömmlichen Arbeitskräften. Nach dem amerikanischen Soziologen *James Coleman* beeinflusst die Fremderziehung in Kindergärten die Menschenbilder. Sie werden nach seinen Beobachtungen auswechselbarer. Außerdem vernachlässige die Fremderziehung in großen Betreuungsgruppen das kindliche Bedürfnis nach seelischer Geborgenheit; sie erziehe Kinder zu fügsamen Wesen für eine wirtschaftlich geprägte Welt. Für die Eltern, die überwiegend in beruflichen Zwängen steckten, gebe es keine Wahlfreiheit zwischen eigener oder fremder Erziehung.[*]

Der Philosoph *Adorno* (1903–69) sah die Familie noch als eine »naturwüchsige Gruppe« an und grenzte sie vom staatlich gesteuerten »Zweckverband« ab. Ob der Staat die Vollzeitbetreuung der Kinder gegen die Vollerwerbstätigkeit beider Eltern austauschen und fördern darf, ist umstritten. Deshalb fordert Wilhelms vom Staat die Wahlfreiheit für Eltern in der Erziehung ihrer Kinder.[**]

In der Renaissance erlangte die humanistische Bildung einen hohen Stellenwert, der sich fortlaufend gesteigert

---

[*] Zitiert nach Günter Wilhelms, Christliche Sozialethik, Paderborn 2010.
[**] Zitiert nach Günter Wilhelms, Christliche Sozialethik, Paderborn 2010.

hat. – Heute entscheidet Bildung über die Chancen der jungen Menschen im privaten und beruflichen Leben. Sie wird beeinflusst von *ererbten Anlagen* und *familiären Bedingungen.* Der deutsche *Bildungsbericht des Bundes und der Länder* erklärt die Bedeutung der Bildung: »Die Bildung bestimmt nicht nur die Entwicklungs- und Handlungschancen jedes und jeder Einzelnen in Beruf, Privatleben und als Bürger, sondern auch die Zukunftsfähigkeit unserer Gesellschaft … Die Humanressourcen sind in hochentwickelten Volkswirtschaften für die Wirtschaftsdynamik wichtiger als das Sachkapital.« Die Bildung wird von staatlicher Seite überwiegend unter wirtschaftlichen Gesichtspunkten betrachtet.

Seit der Renaissance steht der Mensch im Mittelpunkt der Bildung. – Allgemeinbildende Schulen sollen die Anlagen und Fähigkeiten der Schüler fördern. Dieses Bildungsverständnis wurde in den 1970er Jahren in deutschen Schulen auf wissenschaftliche Ziele ausgerichtet. Seither entspricht die Bildung verstärkt beruflichen und wirtschaftlichen Anforderungen. Die Wirtschaft wirkt nun vorbereitend auf die allgemeinbildenden Schulen ein, obwohl die berufliche Ausbildung den Werkstätten, Berufsschulen und Universitäten vorbehalten ist.

Eine Allgemeinbildung, die ihren Namen verdient, sollte die Wahrnehmungs- und Gestaltungskräfte der Schüler zum Erwerb von Kulturfertigkeiten, fachlicher Grundkenntnisse und Arbeitsmethoden stärken und die Verantwortungsfähigkeit fördern. – Solche Allgemeinbildung fordert die Fähigkeiten junger Menschen durch eigene

Erkundungen von Sachverhalten und Zusammenhängen. Auswertungen ermöglichen die Entwicklung persönlicher Werthaltungen für ein als sinnvoll empfundenes Leben. Dabei erwerben Schüler im Unterricht durch sinnliche Wahrnehmungen, sprachliche, nachbildende und mathematische Verarbeitungen selbst ethische Wertvorstellungen, die ihr Menschen- und Weltbild prägen. Die vielfältigen Grunderfahrungen der Allgemeinbildung können bei Anpassungen an soziale, politische und wirtschaftliche Erfordernisse im Beruf und in der Gesellschaft für ein mitverantwortliches Handeln wertvoll sein.

Die Allgemeinbildung ist angesichts des zunehmenden Expertenwissens und seiner oft fehlenden Moral sowie wegen der Wertschätzung des Wissens für seine Verwertbarkeit wichtiger als jemals zuvor. – Nach G. Wilhelms ist »Ethik so wichtig wie Englisch, Religion so wichtig wie Mathematik und Kulturwissen so wichtig wie Informatik, um die Mächte in unserer Welt richtig einordnen zu können. Die Wirklichkeit in ihrer Vielgestaltigkeit und Spezialisierung muss Schülern als Gestaltungsaufgabe bewusst bleiben.« Die Allgemeinbildung berücksichtigt die vielfältigen Anlagen, Fähigkeiten und Bedürfnisse der Kinder und Jugendlichen. Sie schützt vor Wissensanhäufung und vor verfrühter Anpassung an Beruf und Wirtschaft. Wenn der Bildung entsprechender Raum gewährt wird, kann sie zu tragfähigen Menschen- und Weltbildern verhelfen.[*]

---

[*] Günter Wilhelms, Christliche Sozialethik, Paderborn 2010.

Wertvorstellungen der Medien
und die Menschenbilder

In der Renaissance beeinflussten Bücher das Hoffen, Denken und Handeln der Menschen und heute bewirken das die digitalen Medien in höherem Maße. – Im Jahr 2015 ermittelte der *Tagesspiegel* die tägliche Mediennutzung aller Altersgruppen in Deutschland. Es ergab sich eine durchschnittliche Nutzungsdauer von 208 Minuten *Fernsehen*, 173 Minuten *Hörfunk*, 108 Minuten *Internet*, 23 Minuten *Zeitungen*, 19 Minuten *Bücher*, und 6 Minuten *Zeitschriften*. Nach den Erhebungen der *Onlinestudie von ARD und ZDF* aus dem Jahr 2016 nahm die Nutzung des Internets erheblich zu. Es wurde von 84 % der Deutschen mit einer durchschnittlichen Dauer von 163 Minuten genutzt. Als »höchst erfolgreich« wurden die sogenannten *sozialen Medien* bezeichnet.[*]

Nach den Studien zur Mediennutzung des Bundesministeriums für Familie, Senioren, Frauen und Jugend aus dem Jahr 2016 nutzten 77 % der 6- bis 13-Jährigen nach eigenen Angaben das Internet zu Hause oder bei Freunden. Die *Schulen* setzten Computer wie folgt ein: in 27 % der Grundschulen, in 53 % der Haupt- und Realschulen und in 56 % der Gymnasien. In den Schulen wird die *Erziehung zur Medienkritik* und zur *Mediennutzung* als wichtige Aufgabe angesehen. Alle Schüler sollen diese *Medienkompetenz* erwerben, weil digitale Medien auch

---

[*] Fachzeitschrift Media Perspektiven, Heft 9/2016.

im zukünftigen Berufs- und Privatleben wichtig sein werden.*

Nach der *Bitkom-Studie an Kindern und Jugendlichen in der digitalen Welt* steigerte sich die Nutzung der 10- bis 18-Jährigen von 10 auf 85 Prozent. Jeder siebte Jugendliche im Alter von 10 bis 18 Jahren wurde schon im Internet öffentlich herabgewürdigt. 93 Prozent aller Teilnehmer spielten durchschnittlich 122 Minuten Computer- und Videospiele täglich.**

Medien beeinflussen jeweils altersabhängig die Menschen- und Weltbilder der Kinder und Jugendlichen. – Die *Bundeszentrale für gesundheitliche Aufklärung* empfiehlt Eltern, mit Vorschulkindern altersangemessene Sendungen zu schauen und die Inhalte mit ihnen zu besprechen. Da Grundschüler oft über eigene Fernseher, Computer, Handys und Smartphones verfügen, soll die Nutzung eingeschränkt werden. Medien beeinflussen die *Wertvorstellungen.* Kinder können ihr Wissen zwar teils mit Hilfe der Medien beträchtlich erweitern, aber Medien erschweren auch Erziehungsbemühungen zur Aufmerksamkeit, zur Bewegungsfreude, zur Friedfertigkeit sowie in der Sprach- und Sexualerziehung. Die Medien haben als Miterzieher großen Einfluss auf Wertvorstellungen, sie beweisen aber wenig Verantwortung für die Entwicklung von tragfähigen Menschenbildern im Kindes- und Jugendalter.

---

* Studien zur Mediennutzung des Bundesministeriums für Familie, Senioren, Frauen und Jugend 2016.
** Diese Studie ist im Internet aufrufbar.

Schlussfolgerungen

Die Vergleiche von Menschenbildern der Reformationszeit und der Gegenwart sowie die Betrachtungen über ihre Tragfähigkeiten fordern zu Schlussfolgerungen heraus, die nur persönlich gezogen werden können. Die Antworten werden unterschiedlich ausfallen, denn sie fußen nicht nur auf den vorgestellten kulturellen Einflüssen und Werten, sondern auch auf Veranlagungen und sozialen Einflüssen in Familien, Kindergärten, Schulen, Berufen und Bekanntenkreisen. Aber jeder Mensch hat einen freien Willen, sich für bestimmte Menschenbilder zu entscheiden. Auch diese Wahlfreiheit macht die Würde des Menschen aus.

Nach biblischem Glauben ist der Mensch abhängig von Gottes Gerechtigkeit der Gnade und Vergebung, von seiner Liebe und Barmherzigkeit, die Gott auch von den Menschen erwartet. Gläubige erkennen die Allmacht ihres Schöpfers an und folgen freiwillig seinen Sinngebungen für das eigene Leben, nämlich ihm zu danken, dem Nächsten zu helfen und die ihnen anvertraute Schöpfung zu bewahren. Dieses Menschenbild bedeutet Abschied von Ausbeutung und Übervorteilung. Die im Glauben verankerte Überzeugung greift tiefer in das menschliche Gewissen, als Gesetze und Verordnungen es vermögen. Der Glaube beantwortet die Frage, wer der Mensch ist, nämlich eine Einheit aus Körper, Geist und Seele. Der Mensch erfährt sich als Ganzheit in Gottes Liebe und kann Geist und Seele für seine Verheißungen öffnen. Sein Gewissen sagt ihm, wie er vor Gott und den Menschen verantwortlich handeln kann. Der Gläubige weiß, dass er unvollkommen und sündig ist und dass die Welt nur seine vorläufige Heimat ist, die ewige erhofft er. Spätestens seit Luther weiß er auch, dass er im Leben beiden Welten gerecht werden muss. Er sucht mit den ihm von Gott verliehenen Fähigkeiten den Menschen und der Welt zu dienen.

Nach humanistischer Philosophie der Selbstbestimmung und Vernunft gestaltet der Mensch die Welt nach eigenen Gesetzen zu seiner endgültigen Heimat. Dabei sagen ihm die Naturwissenschaften mit ihren vorläufigen Erkenntnissen, wer der Mensch ist, woher er kommt und wohin er geht. Die Politik hat sich die humanistische Philosophie weitgehend zu eigen gemacht. Sie sorgt für die weltliche Ordnung und bestimmt seit Jahrhunderten, wozu der Mensch da ist. Diese vernünftig geplante Welt ist aber nach wie vor mit vielen menschlichen Fehlern behaftet, sodass sie als ungerecht, fried- und trostlos erlebt wird und selbst Politiker eingestehen müssen, sie sei »aus den Fugen geraten«.

Das Christentum vermittelt Werte für tragfähige Menschenbilder, auch wenn diese in den letzten zweitausend Jahren oft nicht entsprechend vermittelt und umgesetzt wurden. – Wir sollten den Glauben und die Vernunft in Kindern und Jugendlichen stärken und sie als Gaben für das eigene Seelenheil und für das Wohl der Menschheit begreifen, damit junge Menschen zuversichtlich auf ihr Leben und die Welt zugehen können.